Das 1x1 der Kommunikation

Wortschatz erweitern I Ausdrucksweise verbessern I Rhetorik erlernen - Wie Sie Eloquenz steigern, Schlagfertigkeit trainieren und die Kommunikationstricks der Spitzenredner erlernen

Magnus Brandmann

ISBN – 9798838991300

Inhaltsverzeichnis

Einleitung

Wortschatz und Ausdrucksfähigkeit sind in unserer Gesellschaft oftmals gleichbedeutend mit einem hohen Bildungsstand, Intelligenz und Ansehen.

Wir messen Sprache sehr viel Bedeutung bei. Denn zwischen dem bloßen Kommunizieren und einem gewählten Ausdruck liegen Welten, die sich auch in Zahlen messen lassen: Um in einer Sprache über grundlegende Themen kommunizieren zu können, reicht ein Wortschatz von etwa 1.000 Worten. Dieses Niveau haben Sie, wenn Sie eine Fremdsprache so weit beherrschen, dass Sie im jeweiligen Urlaubsland einfache, alltägliche Konversationen meistern – komplexe Gespräche sind damit aber nicht möglich. Menschen mit großem sprachlichem Ausdrucksvermögen besitzen einen Wortschatz von vielen tausend Worten. Goethe, als einer der wortreichsten deutschen Schriftsteller aller Zeiten, nutzte einen Wortschatz von mehr als 90.000 Worten in seinen Werken.

Keine Angst: Sie müssen keinen Wortschatz von Goethes Ausmaß erreichen, um sicher und gewandt kommunizieren zu können. Dennoch lohnt es sich, sich einmal damit zu befassen, wie groß der Wortschatz denn nun sein sollte.

1.000 Worte reichen also gerade einmal aus, um sich über den nächsten Supermarkt oder die Speisekarte im Restaurant zu unterhalten. Möchten Sie eine mittelschwere Tageszeitung wie die *Welt* verstehen, brauchen Sie schon etwa 4.000 bis 5.000 Worte. Ein deutscher Muttersprachler besitzt meist einen sogenannten passiven Wortschatz von etwa 50.000 Worten.

Das bedeutet: Ein durchschnittlicher, muttersprachlich deutschsprachiger Mensch versteht etwa 50.000 Worte, ohne sie nachschlagen oder nachfragen zu müssen. Grundsätzlich ist es nicht notwendig, 100 Prozent eines Textes oder Gespräches tatsächlich zu verstehen – das wissen Sie sicher vom Erlernen einer Fremdsprache. Bereits bei 85 Prozent nehmen Sie genug Informationen auf, um nichts zu verpassen. Dafür braucht es nur einige tausend Worte Wortschatz.

Aktiv verwenden wir deutlich weniger Worte, als wir verstehen. Der aktive Wortschatz von Teenagern liegt laut Studien bei etwa 12.000 Worten und wächst danach ohne deutliche Anstrengungen nicht mehr nennenswert: Maximal etwa 16.000 Worte umfasst der aktive Wortschatz eines durchschnittlichen Erwachsenen mit Deutsch als Muttersprache.

Welche Erkenntnis können wir aus diesen Zahlen mitnehmen?

Obwohl es mehr als drei Millionen deutsche Ausdrücke gibt, besitzen Sie wahrscheinlich bereits einen recht breiten passiven Wortschatz. Denn ein Großteil der Ausdrücke besteht aus Fachbegriffen, die Sie niemals brauchen werden, weil Sie im entsprechenden Bereich nicht unterwegs sind. Ihr passiver Wortschatz setzt sich aus einfachen Alltagswörtern, komplexeren Alltagswörtern und Fachbegriffen zusammen. Da Sie nur maximal ein Drittel davon auch tagtäglich nutzen, gilt es vor allem, den aktiven Gebrauch der Ihnen bereits bekannten Wörter auszubauen und zu festigen. Dazu gibt es Strategien.

Dieses Buch möchte Ihnen zeigen, wie solche Strategien aussehen können. Dazu werden wir zunächst einen Blick auf die alte Redekunst der Rhetorik werfen, die auch heute noch sehr nützlich sein kann.

Ich möchte Ihnen aber nicht nur trockene Theorie präsentieren. Deswegen werden Sie in diesem Buch viele praktische Anwendungsbeispiele, Übungen und Tricks lernen, die Ihre Fähigkeit, sich auszudrücken, sofort verbessern können. Denn Eloquenz entsteht nicht nur durch einen großen Wortschatz, sondern auch durch das Selbstbewusstsein und die Fähigkeit, diesen überzeugend zu nutzen. Genau dabei hilft Ihnen die Rhetorik.

Im mittleren Teil des Buches beschäftigen wir uns dann mit situationsangemessener Kommunikation. Denn sich besonders eloquent auszudrücken ist nicht immer das Ziel einer besonders guten Ausdrucksweise und kann auch deutlich über das Ziel hinausschießen. In anderen Situationen wiederum sind Sie regelrecht dazu angehalten, über sich hinauszuwachsen. Wir werden also lernen, wann welche Strategie angemessen ist.

Im Schlussteil des Buches schließlich lernen Sie 30 konkrete, praktische Übungen kennen, die Ihren Wortschatz und Ihre sprachlichen Fähigkeiten erweitern, verbessern und trainieren! Ich wünsche Ihne viel Spaß dabei!

Das Einmaleins der Rhetorik

Im ersten Teil dieses Buches werden wir uns also mit der sogenannten Rhetorik befassen.

Der Begriff Rhetorik ist Ihnen sicherlich schon einmal begegnet. Rhetorik hat in den letzten Jahren eine wahre Renaissance erfahren. Manager besuchen Rhetorikseminare zur besseren Mitarbeiterführung und für mehr Überzeugungskraft in Verhandlungen. Bewerber holen sich einen Rhetorik-Coach. Und selbst im privaten Bereich soll Rhetorik helfen, eher zu bekommen, was wir wollen, zum Beispiel in der Partnerschaft oder Erziehung.

Sicherlich ist Rhetorik kein „Allheilmittel", wie so mancher Coach es gerne anpreist. Dennoch sollten Sie sich mit Rhetorik auseinandersetzen, denn sie kann in der Tat sehr nützlich in Ihrem Alltag sein.

Bei Rhetorik geht es dabei weniger um das Gesagte an sich als eher darum, *wie* man es sagt. Betrachten Sie Rhetorik dabei weniger als eine Wissenschaft, die Sie einmal erlernen und für immer anwenden können, sondern eher als eine Art Schule, in der Sie ein Leben lang immer wieder Neues lernen können.

Was ist Rhetorik?

Das Wort Rhetorik stammt aus dem Altgriechischen und bedeutet so viel wie „Redekunst“. Sie begründet sich bereits in der Antike und wurde viele hundert Jahre als Teildisziplin der freien Künste verstanden. Allerdings war ihr Stellenwert im Verlauf der Jahrhunderte nicht konstant.

Die Entstehung der Rhetorik ist dabei eng an die Entstehung der modernen Demokratie im alten Griechenland geknüpft. Erstmalig konnten alle volljährigen Männer an der politischen Willensbildung mitwirken. Es gab Gerichte, vor denen jeder seine Anliegen vortragen und auf ein positives Urteil hoffen durfte. Das war neu in der Geschichte Europas, die bis dahin von der Unterdrückung durch obere Klassen gekennzeichnet war.

Doch schnell zeichnete sich der Trend ab, dass vor allem die Menschen Gehör fanden, die es schafften, andere sprachlich in ihren Bann zu ziehen. Wer also erfolgreich an demokratischen und juristischen Prozessen teilhaben und damit seine Interessen durchsetzen wollte, musste plötzlich in der Lage sein, überzeugend und interessant zu sprechen. Ansonsten hörte ihm schlicht und ergreifend niemand zu.

So entstand die Rhetorik aus der reinen Notwendigkeit des griechischen Bürgertums, sich überzeugend auszudrücken. Innerhalb weniger Jahre wurde aus Rhetorik eine ernstzunehmende Kunst, die von Lehrern an viele wissbegierige Schüler weitergegeben wurde. Wer etwas auf sich hielt, ermöglichte sich und seinen (männlichen) Nachkommen eine rhetorische Ausbildung.

Mit den Jahren wurde aus der Rhetorik dann auch mehr und mehr eine Wissenschaft, die die Prinzipien rhetorischer Arbeit zu erforschen versuchte. Einer der berühmtesten Rhetoriker war der griechische Philosoph Aristoteles. Ihm verdanken wir die sachliche Argumentation, die auch heute noch das höchste Ansehen genießt und angestrebtes Ziel vieler Auseinandersetzungen ist. Denn Aristoteles beobachtete damals, dass andere Rhetoriker vor Gericht beispielsweise auf Emotionen statt auf Fakten setzten. So war es im alten Griechenland beispielsweise üblich, bei Gerichtsverhandlungen die Familie eines Angeklagten auftreten zu lassen, um das Mitleid der Richter zu erregen und dadurch eine mildere Strafe herauszuschlagen. Aristoteles war der Ansicht, dass solche Emotionen nicht nützlich zum Fällen einer guten Entscheidung seien. Er stellte stattdessen das rationale Argument als wichtigstes Element einer guten Rhetorik heraus. Ein Gedankengang, dem wir bis heute anhängen, immerhin ist ein Gericht heute per Gesetz zu Neutralität verpflichtet.

Die Römer lehnten die Rhetorik der Griechen zunächst ab, mussten sich über kurz oder lang aber ebenfalls damit befassen. Der bedeutendste römische Rhetoriker war der Politiker Cicero, der Abhandlungen zur Rhetorik verfasste. Diese dienten später im Mittelalter als Grundlage der europäischen Rhetoriklehre.

Im Mittelalter war Rhetorik dann im Kanon der universitären Lehre angekommen. Damals musste, wer sich später spezialisieren wollte, ein Grundstudium belegen, welches aus sieben Fächern, den „sieben freien Künsten", bestand. Die Rhetorik war eine dieser freien Künste und bildete zusammen mit der Grammatik und der Dialektik das sogenannte *Trivium*, die sprachliche Grundausbildung jedes Universitätsschülers.

Die Rhetorik erfuhr dadurch eine stärkere inhaltliche Einordnung. Während die **Grammatik** sich mit der *formal* richtigen Sprache beschäftigte, ging es in der **Dialektik** um *inhaltlich* richtige Sprache. Die **Rhetorik** hingegen beschäftigte sich mit der *verständlichen* Sprache.

Bis in die frühe Neuzeit hinein genoss die Rhetorik ein hohes Ansehen. Selbst Dichter und Schriftsteller mussten rhetorische Grundsätze nutzen, um ihre Werke zu verfassen, da sie andernfalls als nicht würdig angesehen wurden. Dieser Stellenwert wurde mit dem Beginn der Aufklärung, zumindest in Deutschland, stark hinterfragt.

Getrieben von großen deutschen Köpfen wie Johann Wolfgang Goethe oder Immanuel Kant begann eine kritische Auseinandersetzung mit der Rhetorik. Goethe bezeichnete sie als „Schule des Verstellens" und warf der Rhetorik vor, sie würde einen authentischen Ausdruck verhindern. Das neue Ideal war es, die eigene Seele frei und ungefiltert sprechen zu lassen. Rhetorik bekam für viele Menschen einen zunehmend schlechten Beigeschmack. Schließlich setzte sich die Meinung durch, Rhetorik sei weniger ein sprachliches Mittel als vielmehr ein Mittel der Manipulation, nur geschaffen, um die eigenen Interessen gegen die der anderen durchzusetzen.

Karl Marx entwickelte eine sozialistische Rhetorik, was dazu führte, dass die Rhetorik im Westen weiter an Ansehen einbüßte. So wurde Rhetorik immer unbedeutender und geriet schließlich weitgehend in Vergessenheit.

Im letzten Jahrhundert erfuhr die Rhetorik zwar wieder eine Aufwertung, da junge Literaten und Wissenschaftler zunehmend wieder nach einer sachlicheren, weniger emotionalen Form der sprachlichen Auseinandersetzung suchten. Erholt hat sie sich bis heute aber nicht von ihrem Bedeutungsverlust. So gibt es aktuell in Deutschland nur einen universitären Lehrstuhl, der sich ausschließlich mit Rhetorik auseinandersetzt. Im populärwissenschaftlichen Bereich hingegen erlebt Rhetorik einen regelrechten Boom, denn immer mehr Menschen erkennen, wie wichtig Rhetorik sein kann, wenn man sich gut ausdrücken möchte.

Nun kennen Sie die Geschichte der Rhetorik und können sich wahrscheinlich schon in etwa vorstellen, was wir darunter verstehen. Trotzdem möchte ich dies noch weiter konkretisieren.

Wir unterscheiden die *Allgemeine* von der *Angewandten Rhetorik*.

Unter *Allgemeiner Rhetorik* wird meist der theoretische Überbau rhetorischen Handelns verstanden, also Regeln der guten Redekunst. Sie könnten auch sagen, dahinter verbirgt sich die „Wissenschaft" der Rhetorik als Disziplin.

Die *Angewandte Rhetorik* hingegen beschäftigt sich mit dem Einstudieren und Trainieren rhetorischer Grundsätze in praktischen Situationen. Dabei wird meist auch auf die genaue Situation eingegangen, in der die Rhetorik genutzt werden soll. So sieht eine gute *Angewandte Rhetorik* für das Verfassen schriftlicher Werke oder Briefe anders aus als beim Verfassen einer guten Rede oder im privaten Streitgespräch.

Auf diese Besonderheiten wollen wir im zweiten Teil des Buches ebenfalls eingehen, indem wir uns die richtige Sprache für verschiedene Situationen des Alltags ansehen.

10 Argumente für die Rhetorik

Vielleicht fragen Sie sich nun, ob es in der heutigen Zeit wirklich noch hilfreich ist, die alte Kunst der Rhetorik zu erlernen. Für viele Menschen klingt Rhetorik nach antiquiertem Wissen, welches höchstens noch Menschen in hohen Ämtern oder geschickten Manipulatoren dienlich ist. Dem ist aber keinesfalls so!

Im Nachfolgenden möchte ich Ihnen 10 gute Gründe aufzeigen, die dafür sprechen, sich intensiver mit Rhetorik auseinanderzusetzen. Überlegen Sie sich am besten schon jetzt gut, warum *Sie* Rhetorik lernen und Ihren sprachlichen Ausdruck verbessern möchten. Denn nur, wenn Sie Ihr Ziel klar vor Augen haben, werden Sie es auch mit dem nötigen Nachdruck verfolgen!

Argument 1: Gute Rhetoriker präsentieren besser

Es gehört zum modernen Leben mittlerweile dazu, zumindest ab und an präsentieren zu müssen. Und auch ein Bewerbungs- oder Feedbackgespräch ist eine Art „Präsentationssituation," denn Sie müssen in diesem Setting einen anderen von sich und Ihren Fähigkeiten überzeugen können. Und das ist die Kernkompetenz der Rhetorik!

Argument 2: Gute Rhetoriker machen eher Karriere

Da gute Rhetoriker eher von sich zu überzeugen wissen, werden sie auch eher Karriere machen als ihre rhetorisch unterlegenen Zeitgenossen – eigentlich eine ganz logische Schlussfolgerung.

Argument 3: Gute Rhetoriker wirken anziehend

Bei Rhetorik mögen wir zunächst an das berufliche Feld denken, doch auch im Privaten kann es vorteilhaft sein, rhetorisch gewandt zu sein. Wer sich frei und gekonnt aus der Rhetorikkiste bedienen kann, wirkt auf andere Menschen anziehend – in jeder Situation.

Argument 4: Gute Rhetoriker sind selbstbewusster

Natürlich mögen manche Menschen Rhetorik nutzen, um eigene Minderwertigkeitsgefühle zu überspielen. Grundsätzlich aber wird die Fähigkeit, in jeder Situation sprachlich zu überzeugen, Ihr Selbstbewusstsein stärken. Sie haben dann eher das Gefühl, jeder zwischenmenschlichen Situation gewachsen zu sein.

Argument 5: Gute Rhetoriker überzeugen in sozialen Settings

Wer den Eindruck hat, sprachlich in jeder Situation überzeugen zu können, der bewegt sich selbstsicherer und gewandter in sozialer Gesellschaft. Rhetorik wird Ihnen helfen, offener und weniger ängstlich auf andere Menschen zuzugehen und sich hilfreiche Netzwerke aufzubauen.

Argument 6: Gute Rhetoriker setzen eigene Ideen eher durch

Auch dieses Argument ist selbsterklärend: Wenn Sie in der Lage sind, sprachlich zu überzeugen, werden Sie auch häufiger den „Zuschlag" für Ihre Ideen bekommen. Dabei ist irrelevant, ob in beruflichen oder privaten Situationen: Sie werden dank guter Rhetorik mehr Ihrer Ideen in die Realität umsetzen können.

Argument 7: Gute Rhetoriker sind auf ganzer Linie erfolgreicher

Dass gute Rhetoriker eher Karriere machen, haben wir schon festgehalten. Doch Erfolg misst sich für uns an vielen unterschiedlichen Faktoren. Wer rhetorisch überzeugen kann, wird auch beim sozialen Ansehen oder dem Erwerb von Besitztümern eher die Nase vorn haben und dadurch insgesamt eher ein Gefühl von Erfolg erreichen.

Argument 8: Gute Rhetoriker führen bessere Beziehungen

Ja, Sie haben richtig gelesen: Sprachliche Gewandtheit wird Ihnen zu besseren zwischenmenschlichen Beziehungen verhelfen. Denn Sie kommunizieren dank rhetorischer Fähigkeiten klarer und können auch die Kommunikation anderer besser einordnen. Das resultiert in besseren Beziehungen.

Argument 9: Gute Rhetoriker übernehmen eher die Führungsrolle

Fühlen Sie sich in der Lage, auch Führungsrollen im beruflichen oder privaten Bereich zu übernehmen? Oft ist sprachliche Gehemmtheit ein Stolperstein auf dem Weg zur Führungsposition. Die Beschäftigung mit Rhetorik hilft Ihnen, diesen aus dem Weg zu räumen.

Argument 10: Gute Rhetoriker sind gute Elternteile

Vorausgesetzt, Sie nutzen Ihre rhetorischen Fähigkeiten nicht zur Manipulation Ihres Nachwuchses, so wird sprachliche Gewandtheit Sie auch zu einem (noch) besseren Elternteil machen. Denn auch hier ist klare Kommunikation ein Schlüsselfaktor zum Erfolg.

Rhetorik angemessen nutzen

Wie bei jeder Wissenschaft gilt: Sie können die Rhetorik zum Guten und zum Schlechten nutzen.

Manche Menschen nutzen Ihre rhetorischen Fähigkeiten, um andere zu manipulieren, Ihren Willen gegen den der anderen durchzusetzen oder ihnen sogar Schaden zuzufügen. Dies allerdings ist nicht in der Rhetorik an sich begründet, sondern im Menschen, der sie nutzt. Es kann sicherlich festgehalten werden, dass gerade Narzissten oder Menschen mit starken narzisstischen Zügen von Rhetorik als Disziplin fasziniert sind, weil sie ihnen ermöglicht, ohne Abstriche jederzeit im Mittelpunkt des Geschehens zu stehen.

Das jedoch bedeutet nicht, dass Rhetorik an sich etwas mit dieser Art der Anwendung zu tun hätte. Betrachten Sie die Rhetorik als eine Art Werkzeugkasten, den es weise zu nutzen gilt.

Halten Sie sich an die folgenden Regeln einer angemessenen Rhetorikverwendung, um davon bestmöglich profitieren zu können:

- Nutzen Sie Ihren Wortschatz nicht, um andere mit besonders schicken Worten zu blenden.

- Nutzen Sie Rhetorik nicht, um über inhaltliche Lücken hinwegzutäuschen.

- Versuchen Sie allgemein niemals, andere durch geschickte Rhetorik hinters Licht zu führen.

- Nutzen Sie Rhetorik stattdessen, um starke Argumente im besten Licht darzustellen.

- Passen Sie Ihre rhetorischen Mittel stets der Situation und den Gesprächspartnern an.

Gute Rhetorik kommt nicht ohne eine gewisse Empathie und die Fähigkeit aus, sich in die Situation und die Bedürfnisse des Gesprächspartners hineinzuversetzen. Denn sie passt sich in hohem Maße der gegebenen Situation an.

So können Sie beispielsweise als Redner eines Fachvortrages gerne mit einer gewandten Verwendung des entsprechenden Fachvokabulars glänzen – im richtigen Maß lässt es Sie kompetent erscheinen. Wenn Sie aber einen Vortrag vor Laienpublikum halten, kann dieselbe Wortverwendung arrogant und weltfremd erscheinen.

Genauso sollten Sie in einem beruflichen Meeting ganz anders argumentieren als im Streitgespräch mit Ihrem Partner. Was Kollegen gegenüber als akzeptabel gilt, kann im privaten Setting übergriffig oder distanziert wirken.

Erlernen Sie rhetorische Mittel

Mit diesem Grundlagenwissen zur Rhetorik kommen wir bereits zur ersten praktischen Anwendung unseres Wissens. Denn Ihren Wortschatz erweitern und Ihre Ausdrucksweise verbessern werden Sie vor allem durch praktische Übungen!

Wir werden uns daher im Folgenden 40 wichtige rhetorische Mittel ansehen. Was aber sind rhetorische Mittel überhaupt?

Darunter versteht man die sprachlichen Werkzeuge der Rhetorik. Auch, wenn Rhetorik sich mit dem gesamten Auftreten in sprachlichen Kontexten beschäftigt, geht es bei rhetorischen Mitteln in erster Linie darum, sich besser auszudrücken.

Durch das Erlernen rhetorischer Mittel können Sie daher lernen, Ihre Sprache richtiggehend „aufzupolieren“. Ganz automatisch wird sich dann mit der Zeit Ihre Ausdrucksweise verbessern. Zur Anwendung vieler rhetorischer Mittel sind Sie zudem automatisch gezwungen, sich einen größeren aktiven

Wortschatz anzueignen. Sie schlagen also zwei Fliegen mit einer Klappe!

Mein Tipp: Legen Sie sich einen sogenannten Thesaurus bereit, wenn Sie das erste Mal mit rhetorischen Mitteln experimentieren. Das ist ein Wörterbuch, in welchem Sie Synonyme, also andere Worte mit gleicher Bedeutung wie ein bestimmtes Wort, nachschlagen können. Es gibt dazu gute, kostenfreie Angebote im Internet.

20 Rhetorische Mittel für Anfänger

Beginnen wir also mit dem praktischen Erlernen der wichtigsten rhetorischen Mittel. Alle rhetorischen Mittel hier aufzuführen, würde sicherlich den Rahmen sprengen. Wenn Sie nach dem Erlernen der wichtigsten 40 aber das Gefühl haben, dass Sie gerne mehr lernen würden, möchte ich Sie ermuntern, sich tiefergehend mit dieser Thematik auseinanderzusetzen. Für gute Ergebnisse sind die hier genannten Stilmittel aber völlig ausreichend.

Ich teile die Stilmittel bewusst in solche ein, die etwas leichter zu erlernen sind, und solche, für deren Erlernen Sie bereits etwas Übung in der Anwendung rhetorischer Mittel mitbringen sollten.

Und denken Sie daran: Alles lernt sich einfacher, wenn Sie es auch in Ihrem praktischen Alltag zur Anwendung bringen!

Akkumulation

Unter einer Akkumulation versteht man in der Rhetorik das Anhäufen sinngleicher oder verwandter Wörter. Wenn Sie Akkumulationen geschickt nutzen, dann können Sie damit eine Aussage für andere Menschen besser verständlich und bildhafter machen, ohne dass der andere es als unnötige Wiederholung empfindet. Die Akkumulation hat dabei einen rein schmückenden Charakter, Sie transportieren mit Ihr also keine weiteren, neuen oder unerwarteten Informationen.

Wir wollen uns die rhetorischen Mittel jeweils mit einem Beispiel vor Augen führen.

Nehmen wir an, es geht um die Frage, wohin Sie und Ihre Kollegen für das Mittagessen gehen werden. Sie könnten nun sagen: „Lasst uns zum Italiener gehen, da findet jeder etwas, das ihm schmeckt."

Verwenden Sie eine Akkumulation, könnte der Satz hingegen lauten: „Lasst uns zum Italiener, dort finden wir für jeden etwas, egal ob ***Pizza, Pasta, Fleisch oder Fisch***."

Alliteration

Die Alliteration nennt man im deutschen auch Stabreim. Keine Angst, Sie müssen nun nicht anfangen, Gedichte zu schreiben – es geht hier ausschließlich um die Anfangsbuchstaben der Wörter in einem Satz. Bei der Alliteration versuchen wir, wichtige und prägnante Wörter eines Satzes so zu formulieren, dass diese hintereinander folgen und mit demselben Buchstaben beginnen. Das lässt die Worte prägnanter erscheinen. Verwenden Sie die Alliteration aber nur sparsam, denn sie kann auch reißerisch wirken.

Bleiben wir beim obigen Beispiel und arbeiten uns damit durch alle rhetorischen Mittel, denn so erkennen Sie die Unterschiede besser.

Mit Alliteration könnte unser Satz lauten: „Lasst uns zum Italiener gehen, dort findet jeder das ***p**assende **P**rodukt* – ***P**izza, **P**asta* oder etwas anderes."

Anapher

Auch bei der Anapher handelt es sich um eine Form der Wiederholung. Allerdings wiederholen Sie dabei die ersten ein bis zwei Worte eines Satzes in den folgenden Sätzen. Jeder Satz beginnt also mit derselben Formulierung. Das bewirkt, dass die andere Person Ihnen aufmerksamer zuhört und sich das Gesagte besser einprägt. Zudem wirkt diese Art der Formulierung insgesamt überzeugender.

Unser Beispielsatz lautet mit Anapher: „***Ich finde,*** wir sollten zum Italiener gehen, denn ***ich finde,*** jeder sollte mit dem Essen zufrieden sein. Und ***ich finde***, das bekommen wir dort am einfachsten hin.“

Betonen Sie die wiederholten Worte ruhig, wenn Sie den Satz sagen – das verstärkt die Wirkung noch.

Assonanz

Dieses Stilmittel ist deutlich schwerer zu erkennen als die, die Sie bisher kennengelernt haben. Bei der Assonanz versuchen Sie, ähnlich wie bei der Alliteration, die Buchstaben aufeinanderfolgender Worte anzugleichen. Allerdings geht es dabei nicht um den ersten Buchstaben, sondern um die Vokale, also die Selbstlaute *a, e, i, o* und *u*. Sie versuchen, vereinfacht gesagt, Worte zu finden, die aufgrund ihrer Vokale einen ähnlichen Klang haben. Das lässt Ihre Sprache in erster Linie eleganter erscheinen.

Bei unserem Beispiel nutzen wir dazu drei Worte, deren Gemeinsamkeit das *a* in den ersten beiden Wortsilben ist: „Lasst uns zum Italiener gehen, da findet jeder was – ob *P**a**st**a**,* *S**a**l**a**t oder C**a**l**a**mari*!“

Ellipse

Zur Nutzung der Ellipse müssen Sie nicht ganz so kreativ sein wie bei den bisher vorgestellten Stilmitteln. Tatsächlich nutzen Sie im Alltag sicherlich täglich Ellipsen.

Dabei handelt es sich einfach um verkürzte Sätze. Die Ellipse nimmt dem Satz Worte, die in diesem Moment als unwichtig erscheinen. Dennoch kann der Satz ohne Probleme verstanden werden. Bereits die kurze Nachfrage „Was?“ ist eine Ellipse, wenn auch keine sehr elegante.

Ellipsen stellen die Dringlichkeit einer Sache in den Vordergrund und fordern daher die sofortige Mitarbeit der anderen Person ein.

Unser Beispielsatz könnte als Ellipse lauten: „Lasst uns zum Italiener gehen. ***Je früher*** *[wir uns entscheiden],* ***desto besser*** *[ist das für uns].*“ Die Satzteile in eckigen Klammern lassen wir weg, sie werden lediglich impliziert.

Hyperbel

Auch Hyperbeln nutzen Sie wahrscheinlich bereits sehr häufig in Ihrem alltäglichen Sprachgebrauch. Es handelt sich dabei um Übertreibungen. Diese können durch spezielle Wörter, aber auch einfach durch einen schlauen Wortwitz entstehen.

Ursprünglich sollte die Hyperbel einen überraschenden Effekt auf den Zuhörer haben. Durch die häufige Verwendung muss eine Hyperbel dazu aber mittlerweile sehr ungewöhnlich oder witzig sein. Dennoch können Hyperbeln wichtige Funktionen übernehmen, denn sie unterstreichen auf eine lockere Weise die Bedeutung, die eine Sache für Sie hat.

In unserem Beispiel könnten Sie also sagen: „Ich weiß nicht, wie es euch geht, aber ich habe einen ***Bärenhunger***. Lasst uns einfach zum Italiener gehen, bevor wir hier ***vor lauter Diskutieren vom Fleisch fallen***."

Interjektion

Interjektion ist das Fachwort für ein Ausrufewort. Es handelt sich dabei also um Laute oder Worte, die Sie ohne weiteren Satz von sich geben, beispielsweise *Huch! Ach! Oh!*

Die Interjektion stellt gleichzeitig ein rhetorisches Mittel dar. Auf den ersten Blick mag dieses nicht besonders elegant wirken, allerdings können solche Worte kommunikative Funktionen übernehmen. So können Sie sich Aufmerksamkeit und Gehör verschaffen. Sie fordern andere dadurch regelrecht dazu auf, Ihnen jetzt zuzuhören.

Eine Interjektion kann also folgenden Satz einleiten: „***Okay!*** Schluss mit Diskutieren. Wer für den Italiener ist, hebt jetzt einfach mal die Hand."

Ironie

Diesen Begriff kennen Sie sicher. Ironie gilt in unserer Gesellschaft schon fast als eine Kunstform, und sie ist nicht immer leicht anzuwenden oder zu erkennen. Wichtig zu wissen ist, dass Ironie nur dann funktioniert, wenn alle Beteiligten den Zusammenhang kennen, in den der Satz eingebettet ist. *Toll gemacht!* kann je nach Kontext entweder ehrlich oder ironisch gemeint sein – ohne Hintergrundwissen können Sie es nicht wissen.

Ein ironischer Satz drückt das Gegenteil dessen aus, was eigentlich gemeint ist – aber alle wissen, dass der Satz so nicht wirklich gemeint war. Ironie ermöglicht es Ihnen, Frustration oder Unmut auszudrücken, ohne dabei sprachlich an Eleganz zu verlieren. Stattdessen verstecken Sie die negative Bedeutung Ihrer Aussage hinter einem gewissen Wortwitz.

Unsere hungrigen Kollegen haben mittlerweile bis in den Beginn der Mittagspause hinein diskutiert – nun könnten Sie ironisch sagen: „Lasst uns doch einfach noch ein bisschen darüber reden. ***Wir haben ja Zeit***!"

Klimax

Bei einer Klimax nutzen Sie hintereinander mehrere Wörter, die sich in ihrer Aussagekraft steigern. Eines der berühmtesten Beispiele für eine Klimax ist das berühmte Zitat Julius Caesars „Veni, vidi, vici" (auf Deutsch „Ich kam, sah und siegte"). Sie versuchen also, einen argumentativen Bogen zu spannen, der die Aussage schrittweise verstärkt. Der Effekt der Klimax ist, dass die gesamte Aussage dadurch deutlich mehr Kraft erhält.

In unserem Beispiel könnten Sie sagen: „Beim Italiener waren wir schon ***vier, fünf, vielleicht sogar sechs Mal***, und es hat immer allen hervorragend geschmeckt!"

Metapher

Dieses Stilmittel kennen Sie vielleicht schon aus Schulzeiten, denn Metaphern sind auch in der Literatur häufig anzutreffen. Dabei versuchen Sie, ein passendes Bild zu finden, um einen bestimmten Umstand zu visualisieren. Allerdings geht es nicht darum, das Tatsächliche einfach bildhaft darzustellen, sondern ein Sinnbild dafür zu finden. Dieses wird dann auf die tatsächliche Situation übertragen.

Metaphern können sehr eloquent und gebildet wirken. Sie helfen Ihnen, bei anderen das sprichwörtliche Licht aufgehen zu lassen. Vermeiden Sie es aber, zu komplizierte Metaphern zu verwenden, denn diese können im Gegenteil eher Verwirrung stiften.

Eine Metapher für unser Beispiel könnte wie folgt aussehen: „Wenn wir weiter nur diskutieren, werden wir ***vor***

gedecktem Tisch verhungern. Lasst uns jetzt einfach zum Italiener gehen."

Neologismus

An sich ist ein Neologismus noch kein rhetorisches Mittel. Man versteht darunter lediglich ein Wort, welches in dieser Form als Neuerscheinung der Alltagssprache auftritt. Man könnte auch sagen: Neologismen sind Trendwörter. Dabei kann es sich um Wortneuschöpfungen (*Helikoptereltern*), Umdeutungen (*Troll,* bezogen auf das Internetphänomen) oder aus anderen Sprachen entlehnte Wörter (*Hipster*) handeln.

Zum Stilmittel werden Neologismen, wenn Sie sie bewusst einsetzen, um dadurch eine bestimmte Wirkung zu erzielen. Die Verwendung von Neologismen lässt Sie in erster Linie jung, modern und zukunftsgerichtet, aber auch offen und locker erscheinen. Die Verwendung ist daher nicht in jedem Kontext angemessen, kann aber gerade in informellen Settings helfen, eine bestimmte Außenwirkung zu erzielen. Achten Sie aber darauf, Neologismen stets authentisch einzusetzen.

Bezogen auf den Italiener könnten Sie beispielsweise sagen: „Lasst uns zum Italiener gehen, der ist doch ***nice***."

Oxymoron

Ein Oxymoron ist eine Aussage, die aus zwei sich komplett widersprechenden Teilen besteht. Es gibt eine ganze Reihe an Redewendungen, die auf dem Oxymoron beruhen, beispielsweise *Eile mit Weile* oder *stumme Schreie*. Oxymora selbst zu formulieren ist relativ anspruchsvoll, Sie können sich aber gerne der bekannten Wendungen bedienen. Auch sie vermögen es noch, einen gewissen Überraschungseffekt zu erzielen. Der Zuhörer „stolpert" über den vermeintlichen Widerspruch in Ihrer Aussage, was dazu führt, dass er sich intensiver mit der gesamten Aussage beschäftigt. Sie können sich durch die Nutzung von Oxymora also Gehör verschaffen.

In unserem Beispiel bleibend könnte der Satz fallen: „Warum sollen wir denn woanders hingehen? Es ist doch ein ***offenes Geheimnis***, dass es direkt bei uns um die Ecke die beste Pasta der ganzen Stadt gibt!"

Paradoxon

Auf den ersten Blick ist das Paradoxon vielleicht nur schwer vom Oxymoron zu unterscheiden. Denn auch hier wird eine in sich widersprüchliche Aussage formuliert. Während aber beim Oxymoron einfach ohne Erklärung widersprüchliche Worte verwendet werden, wird beim Paradoxon eine nur auf den ersten Blick widersprüchliche Aussage formuliert. Man spricht auch von einem

Scheinwiderspruch. Betrachtet man den Satz genauer, so ergibt er durchaus einen Sinn, häufig sogar einen tieferen. Eines der bekanntesten Paradoxa ist *weniger ist mehr*. Die Verwendung von Paradoxa lässt Sie tiefsinnig und gebildet erscheinen.

Auch ein Paradoxon spontan zu bilden ist keine einfache Aufgabe. In Reden oder geschriebenen Arbeiten können Sie aber durchaus eine Weile an der Formulierung feilen und dadurch sehr überzeugende Ergebnisse erzielen. Im Alltagsgebrauch können Sie sich auch hier auf bekannte Redewendungen konzentrieren.

Beispiel: „***Wenigstens sind wir uns einig, dass wir uns nicht einig sind.*** Ich würde aber vorschlagen, dass wir das Ganze abkürzen und einfach abstimmen, wer zum Italiener möchte."

Parallelismus

Unter einem Parallelismus verstehen wir zwei aufeinanderfolgende Sätze oder Satzteile, die in etwa gleich lang und identisch aufgebaut sind. Die *Struktur* der Sätze folgt also demselben Muster. Häufig sind sie auch in Sachen Aussage direkt miteinander verbunden und können sich sowohl widersprechen als auch gegenseitig bekräftigen oder steigern. Erzielt wird dadurch eine höhere Aussagekraft. Zudem wirken Parallelismen elegant und wortgewandt.

Beispiel: „***Ohne Essen bleiben wir hungrig, mit Essen werden wir satt.*** Wir sollten uns also endlich entscheiden."

Parenthese

Unter einer Parenthese versteht man einen Einschub, der sich durch seine Positionierung vom Rest des Satzes abhebt oder diesen sogar unterbricht. In geschriebenen Texten wird die Parenthese durch Spiegelstriche gekennzeichnet. Im gesprochenen Wort hingegen werden Sie sich bemühen, diese durch eine entsprechende Betonung mit Pausen hervorzuheben. Die Parenthese lenkt die Aufmerksamkeit auf Sie und Ihr Anliegen.

Beispiel: „Ich denke ***– wenn ich das so sagen darf –*** dass wir das Ganze abkürzen können. Lasst uns einfach per Handzeichen darüber abstimmen, wo es hingehen soll."

Personifikation

Dies ist ein recht leicht zu erkennendes Stilmittel. Bei der Personifikation werden einer Sache menschliche Verhaltensweisen oder Charaktereigenschaften zugeschrieben. Dies lässt Ihre Sprache gewandt und lebendig erscheinen. Zudem verbildlichen Sie dadurch Ihre Aussage.

Beispiel: „Heute ***lacht die Sonne***. Lasst uns doch zum Italiener gehen und uns auf die große Außenterrasse setzen."

Rhetorische Frage

Die rhetorische Frage kennen Sie vielleicht nicht als Stilmittel, sondern eher als Manipulationsinstrument. In dieser Form haben rhetorische Fragen sehr an Ansehen eingebüßt. Dennoch kann ihre Verwendung in manchen Situationen völlig akzeptabel sein.

Eine rhetorische Frage ist so formuliert, dass die Antwort eigentlich bereits klar ist. Vom Gefragten wird also keine echte Antwort erwartet. Stattdessen wird ihm eine Information „untergeschoben". Sie können rhetorische Fragen zwar nutzen, um andere in ihrer Meinung zu beeinflussen. Sie können Sie aber auch einfach verwenden, um Unmut oder negative Informationen auf eine freundlichere Art zu „verpacken".

Beispiel: „Ich denke, wir sollten uns jetzt entscheiden. ***Oder möchtet ihr die halbe Mittagspause mit Diskutieren verbringen?***"

Untertreibung

Hier spricht man moderner auch vom *Understatement*. Wahrscheinlich können Sie sich bereits gut vorstellen, was mit einer Untertreibung gemeint ist: Ein Sachverhalt wird weniger groß, intensiv, gut oder schlecht dargestellt, als er tatsächlich ist. Die Untertreibung kann in verschiedenen Situationen hilfreich sein. Beispielsweise ist sie ein stilistisches Mittel, um bescheidener zu wirken. Sie können dadurch auch versuchen, mehr mit verdeckten Karten zu spielen oder eine für den anderen sehr unangenehme Situation etwas angenehmer zu machen.

Beispiel: „Ich denke, wir finden den Italiener alle ***ganz okay***. Wir könnten also der Einfachheit halber dorthin gehen."

Vergleich

Eines der rhetorischen Mittel, welches Sie vielleicht am häufigsten nutzen, ohne sich seiner Wirkung bewusst zu sein, ist der Vergleich. Tatsächlich können Sie darunter das sprachliche Vergleichen zweier Dinge miteinander verstehen (*Äpfel sind in etwa das Gleiche wie Birnen*). In einer gesteigerten Form inkludiert der Vergleich eine Metapher oder ein anderes Bild (*Er ist stark wie ein Stier*).

Vergleiche können ein anschauliches und elegantes Mittel sein, um Ihre Aussage zu unterstreichen.

Beispiel: „Ich bin ***hungrig wie ein Löwe*** und der ***Italiener ist deutlich näher als der Grieche***. Ich spreche mich daher für den Italiener aus."

20 Rhetorische Mittel für Fortgeschrittene

Beherrschen Sie die ersten 20 rhetorischen Mittel? Dann lernen Sie in diesem Kapitel 20 weitere kennen. Diese zeichnen sich durch einen höheren Grad der Komplexität aus und dürfen daher unbedingt als fortgeschrittene Stilmittel gelten.

Adynaton

Unter einem Adynaton versteht man eine Übertreibung, die bis ins Unmögliche gesteigert wird. Sie können Ihre Aussage dadurch interessanter gestalten und einen gewissen Wortwitz zeigen. Gleichzeitig wird die von Ihnen getroffene Aussage enorm verstärkt. Allerdings wirkt das Adynaton auch schnell überheblich oder sarkastisch – verwenden Sie dieses Stilmittel also wohldosiert.

Beispiel: „***Eher verhungere ich hier***, als dass ich nochmal in den anderen Laden gehe.“

Allegorie

Die Allegorie dürfen Sie als Steigerungsform der Metapher verstehen. Zu Allegorien gibt es ganze Abhandlungen, daher ist es nicht einfach, sie in diesem begrenzten Umfang umfassend abzuhandeln. Sie können sich eine Allegorie als eine Metapher merken, die eine tiefere sinnbildliche Bedeutung hat. So ist beispielsweise der berühmte Sensenmann eine Allegorie für den Tod. Häufig sind Allegorien daher auch kulturell aufgeladen und erhalten erst durch wiederholte oder traditionelle kulturelle Nutzung ihre Bedeutung.

Allegorien können nahezu poetisch wirken und Ihre Sprache dadurch sehr edel machen. Zudem können Sie Ihre Aussagen damit unterstreichen.

Beispiel: „***Ich lasse weiße Tauben fliegen***, wenn wir uns endlich auf etwas geeinigt haben." (Weiße Tauben sind ein allgemein bekanntes Zeichen für den Frieden.)

Allusion

Dieses Stilmittel setzt eine gewisse Kenntnis Ihrer Gesprächspartner oder Zuhörer voraus, kann dann aber sehr elegant wirken, je nachdem, wie sie die Allusion konstruieren.

Unter einer Allusion verstehen wir eine Anspielung. Der größere Zusammenhang einer Aussage wird also nicht erklärt, da wir davon ausgehen, dass der andere den Hinweis auch so versteht. Eine bekannte Allusion wäre es zu sagen, etwas sei *wie ein Trojanisches Pferd* – diese Geschichte kennen wir alle und wissen sofort, was gemeint ist. Besonders elegant wirkt die Allusion tatsächlich, wenn Sie dabei auf solch eine kulturell überlieferte und bekannte Geschichte Bezug nehmen. So hilft die Allusion, das Gesagte bildlicher und lebendiger zu machen.

Andererseits können Sie auch auf real geschehene Begebenheiten hin anspielen, die nur Sie und Ihre Zuhörer kennen. In diesem Fall erzeugt die Allusion vor allem Vertrautheit zwischen Ihnen und Ihren Gesprächspartnern.

Beispiel für eine Allusion mit kulturellem Hintergrund: „Ich weiß, wir alle träumen vom ***Tischlein deck dich*** hier im Büro, aber wir sollten jetzt trotzdem langsam losgehen."

Eine Insider-Allusion hingegen könnte lauten: „***Ihr alle wisst ja,*** warum ich nicht nochmal zum Griechen möchte." (Weil er Sie zum Beispiel an einen Ex-Partner erinnert.)

Antithese

Die Antithese ist mit dem Oxymoron verwandt, denn auch hier geht es darum, eigentlich Widersprüchliches in einen Zusammenhang zu stellen. Allerdings beschränken wir uns bei der Antithese nicht auf gegensätzliche Worte, sondern es werden ganze Sätze widersprüchlich formuliert und in einen Zusammenhang gebracht. Eine berühmte Antithese ist der Bibelvers: „Der Geist ist willig, doch das Fleisch ist schwach."

Antithesen wirken gebildet und elegant. Zudem stolpert Ihr Zuhörer vielleicht darüber, wodurch er Ihnen in der Folge mehr Aufmerksamkeit schenkt.

Beispiel: „Es ist doch so: *Unser* ***Hunger*** *ist* ***groß*** *und die Zeit, um* ***satt*** *zu werden,* ***begrenzt***. Daher sollten wir jetzt einfach eine Entscheidung treffen."

Chiasmus

Eigentlich ist der Chiasmus ein Stilmittel der Lyrik, findet sich also vor allem in Gedichten. Ein sehr berühmter Chiasmus findet sich beispielsweise bei Johann Wolfgang Goethe: „Die Kunst ist lang und kurz ist unser Leben." Es geht dabei darum, zwei hintereinander folgende Sätze spiegelverkehrt aufzubauen. Im obigen Beispiel folgt der erste Satzteil „Die Kunst ist lang" dem klassischen Satzbau aus Substantiv (die Kunst), Verb (ist) und Adjektiv (lang). Der zweite Teil hingegen ist genau „gegenläufig" und folgt damit dem Muster Adjektiv (kurz) – Verb (ist) – Substantiv (unser Leben).

Sie können Chiasmen aber auch dann nutzen, wenn Sie sich nicht zum Poeten berufen fühlen. Einfache Chiasmen können Sie auch bauen, indem Sie zwei bis drei Worte innerhalb kurzer Zeit wiederholen. Beim zweiten Mal ordnen Sie sie dabei andersherum an, als zuvor. Das wirkt in erster Linie elegant und kann zudem die Aussage verstärken.

Beispiel: „***Italienisches Essen*** mögen wir doch alle. Wir sollten also beim ***Essen italienisch*** bevorzugen."

Correctio

Bei einer Correctio „korrigieren“ Sie sich selbst, nur um dann klarzumachen, dass Sie eine Sache wirklich ernst meinen. Das verstärkt Ihre vorige Aussage und kann elegant wirken. Allerdings müssen Sie mit der Correction sparsam umgehen, da sie auch schnell „too much“ sein kann. Dann wirkt sie eher kitschig. Die grammatikalische Anwendung ist daher hier nicht schwierig, die passende Anwendung macht dieses Stilmittel dennoch fortgeschritten.

Beispiel: „Den Italiener *mögen*, ***nein, lieben*** wir doch alle.“

Conversio

Auch die Conversio ist an sich nicht schwer zu formulieren, muss aber dezent und an den richtigen Stellen eingesetzt werden. Für eine Conversio wiederholen Sie ein Wort am Satzende nochmals. Das verstärkt die Aussage. Zudem nutzen wir die Conversio meistens, um Frust oder einen anderen negativen Umstand auszudrücken. Das können Sie mit Hilfe der Conversio eleganter tun, also wenn Sie etwas einfach frei heraus sagen.

Beispiel: „Wir wollen doch alle ***essen***, *nur* ***essen***. Lasst uns also jetzt nicht noch länger diskutieren.“

Diminutiv

Mit dem Diminutiv folgt ein weiteres Stilmittel, welches einfach zu formulieren, aber schwer anzuwenden ist. Der Begriff Diminutiv bezeichnet in der deutschen Grammatik die Verniedlichungsform, also das Anhängen von „-lein“ oder „-chen“ an ein Wort, um die beschriebene Sache kleiner scheinen zu lassen. Eine übertriebene Nutzung des Diminutivs kann allerdings bevormundend wirken, irritieren oder andere vor den Kopf stoßen. Als rhetorisches Stilmittel ist er dennoch verbreitet. Er kann Ihnen helfen, einer Sache auf elegante Art Wichtigkeit und Schärfe zu nehmen.

Beispiel: „Lasst uns dieses ***Problemchen*** doch einfach klären, indem wir darüber abstimmen, wo wir hingehen wollen.“

Enumeratio

Die Enumeratio ist mit der Akkumulation verwandt, die Sie bereits im Teil mit den Stilmitteln für Anfänger kennengelernt haben. Die Enumeratio ist eine etwas schwierigere Form der Akkumulation. Auch hier zählen Sie mehrere ähnliche Worte auf, allerdings müssen diese thematisch viel enger verwandt sein als bei der Akkumulation. Es sollte sich also um Worte handeln, die alle eine sehr ähnliche Sache beschreiben.

Eine Enumeratio wirkt verstärkend auf Ihre Aussage. Man spricht auch von einer „abschließenden Aufzählung“. Sie lässt nämlich den Eindruck entstehen, dass hier alles gesagt wurde. Sie können sie damit auch nutzen, um eine Diskussion zu beenden.

Beispiel: „Egal, ob ***Carbonara, Bolognese*** *oder* ***Napoli*** – beim kleinen Laden um die Ecke gibt es für jeden die richtige Pasta. Lasst uns dahin gehen!"

Epanalepse

Auch die Epanalepse wirkt in erster Linie verstärkend auf Ihre Aussage. Wie bei der Conversio wiederholen Sie dabei ein Wort, allerdings am Satzanfang. Auch hier sollten Sie auf eine sparsame und passende Verwendung achten.

Beispiel: „***Das Essen, das*** *liebe* ***Essen,*** ist auch immer wieder ein Streitpunkt."

Epipher

Die Epipher ist eng verwandt mit der Anapher, die Sie bereits kennen, allerdings schwerer zu formulieren. Bei der Epipher wiederholen Sie ebenfalls in aufeinanderfolgenden Sätzen dieselbe Formulierung, allerdings am *Ende* eines Satzes. Auch die Epipher kann Ihre Aussage verstärken und fordert vom anderen zudem eine gewisse Konzentration auf das Gesagte ein.

Beispiel: „Ums Essen streiten wir uns ***jedes Mal***. Und sind uns nie einig, ***jedes Mal***. Und am Ende gehen wir sowieso zum Italiener, ***jedes Mal***!“

Euphemismus

Unter diesem Begriff können Sie sich wahrscheinlich bereits etwas vorstellen. Von einem Euphemismus sprechen wir, wenn eine Sache abgemildert formuliert wird. Dadurch können Sie eigentlich problematische, tabuisierte oder beleidigende Aussagen so verpacken, dass sie sagbar werden. Sie sagen also etwas „durch die Blume“. Euphemismen müssen bedacht gebildet werden und zum entsprechenden Adressaten passen, da sie ansonsten ihr Ziel auch verfehlen können.

Beispiel: „Diese ***kleine Meinungsverschiedenheit*** können wir doch leicht beilegen. Lasst uns einfach kurz abstimmen, wo wir hingehen!“

Hendiadyoin

Hinter diesem sperrigen Begriff versteckt sich eine Art der Formulierung, die Ihnen sicherlich sehr geläufig ist. Man versteht darunter die Verbindung von zwei Worten zur Umschreibung eines komplexeren Begriffes. Dieses Stilmittel ermöglicht es Ihnen daher, komplizierte Sachverhalte etwas einfacher darzustellen. Zudem kann ein Hendiadyoin auch bildhaft und lebendig wirken. Verwenden Sie es zu häufig, wirkt Ihre Sprache aber auch schnell überladen. Nutzen Sie es daher sparsam.

Es gibt sehr bekannte Vertreter des Hendiadyoins, an welche Sie sich im Großen und Ganzen halten können. Bekannte Formulierungen sind zum Beispiel: *im Großen und Ganzen, klipp und klar, kurz und klein, ab und zu, Feuer und Flamme, Grund und Boden, Hab und Gut.* Mit etwas Übung können Sie aber auch versuchen, eigene Formulierungen zu finden. Spontan wird das nicht funktionieren, eignet sich aber durchaus für geschriebene Texte und Reden.

Beispiel: „Ich bin ***Feuer und Flamme*** für den Italiener, wie geht es euch?"

Inversion

Unter einer Inversion verstehen wir jede ungewöhnliche Satzstellung. Dabei gehen wir davon aus, dass der deutsche Standardsatz der Form *Du bist schön* folgt. Bereits die Formulierung der entsprechenden Frage *Bist du schön?* stellt daher eine Inversion dar. Auffallend und als Stilmittel interessant wird sie besonders dann, wenn Sie einen Satz auffälliger formulieren, zum Beispiel *Bist du schön!* oder *Schön bist du.* Sie sehen sicherlich: Eine Inversion wirkt vor allem interessant und fällt auf. Sie kann zudem elegant und sprachgewandt wirken. Sie eignet sich daher, um die Aufmerksamkeit des Zuhörers besonders auf den entsprechenden Satz zu lenken und dessen Aussage damit zu verstärken und hervorzuheben.

Beispiel: „***Schön ists beim Italiener***. Warum gehen wir nicht einfach dorthin?"

Litotes

Litotes ist der Fachausdruck für die doppelte Verneinung. Diese hat zur Folge, dass das Gegenteil von dem gemeint ist, was eigentlich gesagt wird. Sagen wir beispielsweise, etwas oder jemand sei *nicht hässlich* meinen wir normalerweise, dass es oder er uns gefällt. Die doppelte Verneinung ist einfach zu formulieren und wird auch im Alltag viel genutzt. Allerdings müssen Sie versuchen, sie dezent zu nutzen, sonst wirkt sie schnell unehrlich oder deplatziert. Gut genutzt können Sie durch die Litotes eine Sache besonders betonen oder deren Vorzüge verstärkt hervorheben.

Beispiel: „Das Essen beim Italiener ist doch *eigentlich* ***nicht übel.*** Sollen wir einfach wieder dorthin gehen?"

Onomatopoesie

Was sehr kompliziert und poetisch klingt, ist ein gebräuchliches rhetorisches Mittel. Onomatopoesie ist der Fachausdruck für „Lautmalerei". Darunter versteht man das Nachahmen nicht-verbaler Äußerungen und Geräusche. Es gibt dabei drei Formen der Onomatopoesie.

Variante eins ist es, den entsprechenden Laut so gut wie möglich zu verbalisieren. Also wenn Sie zum Beispiel „Bumm!" sagen, um auszudrücken, dass es geknallt hat.

Variante zwei ist die Nutzung von Wörtern, die es zwar tatsächlich gibt, die aber den Klang der beschriebenen Sache nachahmen. Die Wörter *knallen* oder *rascheln* wären Beispiele dafür. Sie erinnern zumindest übertragen an die Geräusche, die sie tatsächlich beschreiben.

Variante drei ist die Nutzung anderer Verben, um den Klang einer bestimmten Sache zu umschreiben. Ein Beispiel wäre es, zu behaupten, ein Mensch *flöte* oder *zwitschere*.

Die Nutzung solcher Formulierungen kann das von Ihnen Erzählte vor allem lebendiger und eindrucksvoller gestalten. Die Nutzung der ersten Variante unterbricht zudem den Flow der Sprache etwas und fordert die Aufmerksamkeit der Zuhörenden ein.

Beispiel: „Und ***peng!*** Schon streiten wir wieder übers Essen."

Pleonasmus

Die Anwendung dieses Stilmittels ist besonders schwierig, denn wenn Sie es nicht gut machen, wird das Gesagte schnell sogar als sinnhaft und grammatikalisch falsch gewertet. Üben Sie den Pleonasmus daher, bevor Sie sich an ihn heranwagen!

Im Gegensatz zur Litotes könnten Sie den Pleonasmus als „doppelte Bejahung" begreifen. Denn Sie nutzen dabei zwei eigentlich sinngleiche Wörter und bilden aus ihnen einen neuen Ausdruck. Funktioniert der Pleonasmus, kann er eine entsprechende Aussage enorm verstärken. Wichtig ist, dass Ihre Zuhörer nicht wahrnehmen, dass Sie zwei eigentlich sinngleiche Wörter hintereinanderstellen.

Einige Pleonasmen sind mittlerweile Teil unserer Alltagssprache geworden. Ein Beispiel dafür wäre die *persönliche Anwesenheit*. Wie sonst könnten Sie anwesend sein, wenn nicht persönlich?

Beispiel: „Ich habe mich schon so auf das Tiramisu beim Italiener gefreut. So eine ***schmackhafte Leckerei*** bekommt man nicht überall."

Polysyndeton

Das Polysyndeton ist, je nachdem, welche Worte Sie wählen, eine Unterform der Akkumulation oder der Enumeratio. Es handelt sich also um eine Aufzählung ähnlicher Worte. Das Besondere dabei ist, dass diese nicht mit Kommata, sondern mit dem immer gleichen Bindewort verbunden werden, meistens mit *und.*

Ein Polysyndeton ist sehr auffällig und sollte daher sparsam genutzt werden. Sonst kann es Sie auch einfältig erscheinen lassen. Dezent genutzt verstärkt es eine Aussage und lenkt die Aufmerksamkeit stark auf die Sache.

Beispiel: „Ich spreche mich für den Italiener aus. Dort gibt es ***Pizza und Pasta und Salat und Eis*** – da werden wir alle glücklich.“

Synästhesie

Eigentlich ist Synästhesie ein Begriff aus der Neurologie. Sie beschreibt eine Besonderheit der Wahrnehmung, bei der Menschen zwei eigentlich nicht verbundene Sinneseindrücke verknüpft wahrnehmen. Besonders häufig ist es beispielsweise, Musik nicht nur zu hören, sondern auch in Form von Farbschlieren oder ähnlichem wahrzunehmen. Dies kann unter dem Einfluss von Medikamenten oder Drogen passieren, es gibt aber auch Menschen, die dauerhaft synästhetisch wahrnehmen. Es handelt sich dabei also um eine Besonderheit der menschlichen Wahrnehmung.

Der Begriff Synästhesie beschreibt übertragen auch die Nutzung eigentlich aus einem anderen Formenkreis stammender Wörter zur Beschreibung einer Sinneswahrnehmung. Wenn Sie beispielsweise sagen, etwas sein in einem *warmen Blau* gehalten, ist dies eine Form der Synästhesie. Denn *warm* können wir eigentlich nur spüren, während wir *blau* sehen. Sie vermischen also Worte miteinander, die verschiedene Sinneseindrücke beschreiben. Das lässt das Beschriebene anschaulicher wirken, kann elegant und gewandt wirken und eignet sich zudem, um außergewöhnliche Dinge möglichst treffend zu beschreiben. Es kann aber schwierig sein, eine Formulierung zu finden, die Ihr Gegenüber auch tatsächlich versteht und bedarf daher etwas Übung.

Beispiel: „Beim Italiener können wir danach noch einen Kaffee aus diesen Espressotassen trinken, die so ***süß aussehen***."

Tautologie

Die Tautologie ist eng verwandt sowohl mit dem Hendiadyoin als auch mit dem Pleonasmus. Sie nutzen dabei zwei Worte zur Beschreibung einer Sache, die eigentlich dasselbe meinen.

Der Unterschied zum Hendiadyoin ist, dass dieses nur funktioniert, wenn beide Wörter beibehalten werden. Bei einer Tautologie könnten Sie eines der Worte streichen und der Sinn des Satzes wäre weiterhin erkennbar und unverändert. Ein Hendiadyoin wie *„Ich bin **Feuer und Flamme**“* funktioniert nur in dieser Formulierung – weder *„Ich bin Flamme“* noch *„Ich bin Feuer“* ergeben einen Sinn. Eine Tautologie wäre beispielsweise *„Der Vulkan spuckte **Feuer und Flammen**.“* Hier lassen sich die Satzteile aber auch einzeln verwenden: *„Der Vulkan spuckte Feuer“* oder *„Der Vulkan spuckte Flammen“*.

Der Unterschied zum Pleonasmus ist, dass Sie die beiden Worte mit einem *und* verbinden. Dadurch betonen Sie diese doppelte Formulierung sogar bewusst, statt sie, wie beim Pleonasmus, möglichst unauffällig zu gestalten. Das pleonastische Gegenstück zur Tautologie *„Der Vulkan spuckte Feuer und Flammen“* könnte beispielsweise lauten *„Der Vulkan spuckte feurige Flammen.“*

Auch die Tautologie soll in erster Linie das Gesagte in seiner Aussagekraft verstärken.

Beispiel: „Es bringt doch nichts, darüber *zu **diskutieren** und zu **reden***. Dadurch verlieren wir nur Zeit unserer wertvollen Mittagspause.“

Sprache und Situation

Sprache ist immer stark in die jeweilige Situation eingebunden. Wir können Sprache daher nicht unabhängig von den situativen Gegebenheiten betrachten.

Sobald wir am Morgen aufstehen, begeben wir uns normalerweise in einen Kreislauf ständiger Kommunikation mit unseren Mitmenschen. Wie sehr wir auf unsere Sprache angewiesen sind, merken wir häufig erst, wenn wir aus irgendeinem Grund nur noch erschwert kommunizieren können – beispielsweise, weil unsere Stimme uns in Folge einer Infektion den Dienst versagt.

Wir passen unsere Sprache dabei automatisch der Situation an. Unser Ausdruck, ob mündlich oder schriftlich, variiert stark, je nachdem, mit wem wir reden, worüber und in welchem Kontext. Wir wollen uns daher in diesem Kapitel eingehend damit beschäftigen, wie Sie Ihren Ausdruck in verschiedenen situativen Kontexten verbessern können. Denn das bloße Erlernen gewisser Stilmittel oder Vergrößern des Wortschatzes ist noch nicht ausreichend, wenn Sie nicht wissen, wie Sie das erlernte Wissen situationsgerecht anwenden.

Wieso situationsangemessen kommunizieren?

Wer seine sprachlichen Fähigkeiten verbessern möchte, denkt häufig zunächst gar nicht über den Faktor Situation nach. Sprache ist ein dynamisches, flexibles Tool, deren Anwendung zu großen Teilen unbewusst gesteuert wird. Erst, wenn wir uns aktiv mit ihr auseinandersetzen, fällt uns auf, wie sehr wir unsere Sprache je nach Umstand modellieren. Doch braucht es das überhaupt? Reicht es nicht, eine gewisse Sprachhöhe zu erreichen und diese dann auf alle Situationen anzuwenden – lässt uns das nicht sogar gebildeter, eloquenter und intelligenter aussehen?

So einfach ist es leider nicht. Sprache als sichtbarster Teil unserer menschlichen Kommunikation unterliegt einem ständigen Bewertungsprozess durch andere Menschen. Was und wie Sie etwas sagen, bleibt also nie frei vom Urteil anderer. Wenn Sie kommunizieren, wollen Sie aber gerade mit diesen anderen Menschen in Austausch gehen oder sogar Einfluss auf sie nehmen. Daher ist es wichtig, sich dieser ständigen Bewertung bewusst zu sein und sprachlich stets im besten Licht zu erscheinen.

Tun Sie das nicht, laufen Sie Gefahr, als unpassender Kommunikator wahrgenommen zu werden. Dieses Urteil kann schnell auf Ihre Person übergehen. Drücken Sie sich also beispielsweise zu gehoben in einem bestimmten Kontext aus, werden Sie nicht nur als schwer verständlich wahrgenommen. Ihre Zuhörer werden sogar dazu neigen, Sie als arrogant oder selbstgefällig einzuschätzen – und das nur aufgrund der Art, wie Sie sprechen.

Beachten Sie daher, um situationsangemessen zu kommunizieren, stets vor allem zwei Aspekte: den Rahmen, in welchen Sie kommunizieren sowie die Adressaten Ihrer Kommunikation.

Den Rahmen für ein Gespräch können viele verschiedene Punkte bilden. Zunächst sollte geklärt werden, auf welche Art Sie mit anderen Menschen kommunizieren: Schreiben Sie eine Mail oder einen Brief? Tauschen Sie sich in einem Chat aus? Schreiben Sie gar einen Aufsatz oder ein Buch? Oder sprechen Sie direkt mit Menschen im Alltag? Halten Sie einen Vortrag oder eine Rede? Präsentieren Sie bei einem Meeting? Dieser Kontext ist ungemein wichtig, denn er bestimmt über die Sprachhöhe, die als angemessen und angenehm gilt.

Doch selbst die jeweilige sprachliche Situation bietet nur einen ersten, groben Anhaltspunkt. Weiter ist zu beachten, was dem Gespräch vorausgegangen ist und in welchem Umfeld es stattfindet. Selbst Dinge wie die Temperatur oder Lichtsituation vor Ort können Einfluss darauf nehmen, welche Art der Kommunikation in einer bestimmten Situation angemessen ist. Denn ist es beispielsweise sehr dunkel, kann Ihr Gegenüber Ihre Lippenbewegungen nicht einwandfrei erkennen. Dasselbe ist der Fall, wenn Sie vor einer größeren Menge eine Rede halten und Ihr Gesicht nicht auf einen Monitor oder ähnliches übertragen wird. Auch, wenn wir nicht bewusst auf die Lippen des anderen sehen, können wir ihn doch ohne diesen Aspekt deutlich schlechter verstehen. Dann müssen Sie Ihre Sprache anpassen, eventuell auch spontan.

Ist es beispielsweise besonders kalt, müssen Sie davon ausgehen, dass Ihr Gegenüber sich tendenziell unwohl fühlt. Ausschweifende Ausführungen, die Ihr Gegenüber in der Situation festhalten, sind dann unangemessen. Stattdessen sollten Sie in einem solchen Moment klar und konzentriert kommunizieren.

Sie sehen: gute Kommunikation erfordert auch ein hohes Maß an Empathie! Fragen Sie sich also öfter, wie es den anderen Menschen wohl in der Situation gerade geht. Das kann Ihnen bereits enorm dabei helfen, situationsangemessen zu kommunizieren – mit dem Vorteil, dass Ihre Botschaft auch wirklich beim anderen ankommt.

Analysieren Sie Ihren Bedarf

Wir dürfen also festhalten, dass Sprache sich nicht pauschal für jede Situation durch eine bestimmte Maßnahme verbessern lässt. Vielmehr müssen Sie wissen, was Sie konkret durch Ihre Arbeit an Ihrem Sprachvermögen verändern möchten.

Dazu ist es unumgänglich, dass Sie einmal genau analysieren und festhalten, was Ihre Ziele sind. Versuchen Sie dazu, Antworten auf die folgenden Fragen zu finden:

- Wo und wann kommuniziere ich besonders häufig? Wird sich dies in der nahen Zukunft ändern, beispielsweise durch eine nahende Beförderung?
- In welchen Situationen fühle ich mich in meiner Kommunikation besonders unterlegen, eingeschränkt oder unsicher?
- Gibt es Situationen, in denen ich immer wieder nicht zu überzeugen schaffe?
- Mit welchen Menschen kommuniziere ich besonders häufig? Mit welchen funktioniert das gut, mit welchen gibt es Probleme? Woran liegt das?

Nehmen Sie sich wirklich Zeit für diesen Schritt – er erspart Ihnen unnötigen Frust, da er Ihnen eine Richtung vorgibt.

Überlegen Sie anschließend, welchen Bereich Sie als erstes anpacken wollen. Gerne können Sie in diesem Buch dann auch zur entsprechenden Stelle vorblättern und sich zunächst mit dieser beschäftigen. Später können Sie dann zu Ihrer Analyse zurückkommen und einen weiteren Bereich in Angriff nehmen.

Formulieren Sie sich ein klares, überprüfbares Ziel. Zum Beispiel: „Im nächsten Monat will ich lernen, klarere Emails zu schreiben, die meine Kollegen ohne Nachfragen sofort verstehen." Oder: „Bis zu meinem Vortrag in acht Wochen möchte ich meinen aktiven Wortschatz mit zum Thema passenden Worten erweitern."

Überprüfen Sie nach einiger Zeit, ob Sie Ihr selbstgestecktes Ziel erreicht haben. Dann können Sie mit einem weiteren Bereich fortfahren. So verbessert sich Ihr sprachliches Vermögen Schritt für Schritt.

Sprache in alltäglichen mündlichen Situationen

Auch, wenn Chats und Co. einen relevanten Teil der Alltagskommunikation in die schriftliche Ebene verlagert haben, bleibt das Gespräch von Angesicht zu Angesicht ein wichtiger Bestandteil unserer Interaktion mit anderen

Menschen. Sonderformen sind hier sicherlich digital gestützte Gespräche, beispielsweise über Telefon oder Videochats.

Die Kommunikation „Face to Face" bietet einige Vorteile:

- Besonders schneller Informationsfluss und zügiger gegenseitiger Austausch,
- Besonders emotionale Interaktion unter voller Nutzung der Körpersprache, wodurch auch versteckte Botschaften wahrgenommen werden,
- Sofortige Sichtbarkeit der Reaktionen des Gesprächspartners,
- Besonders leichtes Entstehen von Beziehungen und Sympathie.

Der tägliche, mündliche Austausch mit anderen ist daher besonders dann zu bevorzugen, wenn Informationen schnell und unproblematisch ausgetauscht werden sollen. Nicht umsonst sind viele Menschen der Ansicht, dass ein Telefonat unzählige Emails ersetzen kann. Allerdings macht gerade dieser direkte mündliche Austausch vielen Menschen Probleme - wenn es Ihnen so geht, sollten Sie unbedingt lernen, den direkten Austausch wertzuschätzen.

Zudem ist direkte mündliche Kommunikation gerade im privaten Bereich sehr wertvoll, denn nur dank ihr können gute Beziehungen, tiefe Freundschaften oder innige Partnerschaften entstehen. Ohne den direkten kommunikativen Austausch bleibt der andere stets nicht greifbar.

Damit Sie genau wissen, von welcher Art Situation wir hier sprechen, werde ich Ihnen immer einige Situationen nennen, die Sie sicherlich aus Ihrem Alltag kennen, welche zu dieser Form von Kommunikation zählen:

- Gespräche mit Kollegen über alltägliche Aufgaben und aktuelle Projekte,
- Private Gespräche am Arbeitsplatz, beispielsweise in der Kaffeepause,
- Gespräche mit dem Partner über alltägliche Dinge,
- Gespräche mit der Familie beim gemeinsamen Essen,
- Gespräche mit Freunden oder Vereinskollegen bei gemeinsamen Freizeitunternehmungen,
- Gespräche mit Beratern oder Kassierern beim alltäglichen Einkauf.

Die Liste können Sie sicherlich endlos erweitern. Es geht um die kleinen Gespräche, von denen wir alle unzählige am Tag führen.

Alltagsgespräche erscheinen uns oft besonders unbedeutend, bieten aber andererseits sehr großes Potenzial für Konflikte und Missverständnisse. Das liegt allein schon darin begründet, wie häufig wir sie führen. Mit wie vielen Menschen sprechen Sie jeden Tag, und das häufig wie beiläufig? Die Chance, dass hier Missverständnisse entstehen, ist besonders groß. Wenn Sie daher Ihre allgemeine Alltagskommunikation verbessern können, haben Sie bereits sehr viel gewonnen.

Ein großer Wortschatz und ein gutes Ausdrucksvermögen sind dabei zwar hilfreich, allerdings kommt es bei einer guten Alltagskommunikation auf eine Kombination verschiedener Faktoren an. Sie zeichnet sich unter anderem aus durch:

- Eine klare, leicht verständliche und pointierte Ausdrucksweise,
- Einen ausreichend großen aktiven Wortschatz, der sich vor allem aus leicht verständlichen, alltagskompatiblen Worten zusammensetzt und der zu Ihrem soziökonomischen Status passt,

- Einen Ihrer Branche entsprechenden aktiven Wortschatz beruflicher Fachbegriffe, der alle wichtigen alltäglichen Situationen im Beruf abdeckt,
- Die Fähigkeit, kurze und prägnante Sätze zu formulieren und logisch zu argumentieren.

Es geht hier also darum, eine Art der Kommunikation zu erlernen, die in jeder Situation, die sich Ihnen typischerweise im Alltag bietet, sicher und kommunikationsstark herüberkommt. Gleichzeitig möchten Sie, gerade in alltäglichen Situationen, nicht als arrogant oder überheblich wahrgenommen werden. Daher muss Ihre Kommunikation auch zum Umfeld passen, in dem Sie sich alltäglich bewegen.

Um Ihren Ausdruck im Alltag zu verbessern, sollten Sie daher vor allem die folgenden vier Strategien anwenden. In ihrer Kombination werden sie Ihre Alltagskommunikation auf ein höheres Level heben können:

Erweitern Sie Ihren Alltagswortschatz

Versuchen Sie, zu analysieren, wie groß Ihr alltäglich genutzter Wortschatz ausfällt. Das kann manchmal etwas schwierig sein, da Sie, sobald Sie darauf achten, dazu neigen, besonders komplexe Worte zu verwenden. Seien Sie also ehrlich mit sich. Achten Sie einmal vor allem darauf, in welchen

Situationen Sie sich nicht ausreichend gut erklären können oder wann Ihnen die Worte fehlen.

Überlegen Sie dann, welche Worte in Ihrem aktiven Wortschatz fehlen und erweitern Sie ihn entsprechend. Wie das genau geht, erfahren Sie in den praktischen Übungen im letzten Teil dieses Buches.

Formulieren Sie prägnantere Sätze

Unsere Alltagskommunikation leider häufig darunter, dass wir sprechen, bevor wir den Satz wirklich zu Ende gedacht haben. Dadurch kann es passieren, dass Sie ständig laut denken, statt wirklich zu kommunizieren.

Im Ergebnis kann es sein, dass Ihre Erklärungen für die Außenwelt manchmal schwer nachvollziehbar sind. Dasselbe passiert, wenn Sie dazu neigen, wichtige Informationen zu unterschlagen. Lernen Sie also, sich in den anderen hineinzuversetzen und Sätze zu formulieren, die die Person auch wirklich verstehen kann. Dazu müssen Sie vor allem den Anspruch überwinden, jederzeit schnell und schlagfertig zu kommunizieren – gerade im Alltag ist es oft besser, überlegt zu sprechen.

Lernen Sie, logisch zu argumentieren

Damit einher geht Punkt Nummer Drei – lernen Sie, schlüssig zu argumentieren. Konnten Sie eine andere Person nicht überzeugen, versuchen Sie, Ihre eigene Argumentation nachzuvollziehen und die Schwachstellen zu finden. Dann überlegen Sie, wie Sie nächstes Mal besser argumentieren könnten. Argumentation ist eine Denkschule, die sich mit der Zeit einschleifen wird. So fällt es Ihnen dann nach und nach leichter, logisch zu kommunizieren.

Arbeiten Sie an Ihrer Körpersprache

Selbst am Telefon können wir instinktiv hören, ob der andere beispielsweise lächelt oder die Schultern hängen lässt. Die Körpersprache macht einen Großteil unserer mündlichen Kommunikation aus. Arbeiten Sie daher auch an Ihrer Körpersprache. Wenn Sie im Alltag bisher nicht überzeugend kommunizieren, ist es nämlich wahrscheinlich, dass das nicht nur an Ihrem mündlichen Ausdruck liegt.

Dazu konkrete Tipps zu geben, würde den Rahmen dieses Buches sicherlich sprengen. Es gibt aber viele gute Bücher, die Ihnen helfen können, neben Ihrer verbalen auch Ihre nonverbale Kommunikation zu verbessern.

Sprache in alltäglichen schriftlichen Situationen

Wie bereits angesprochen, verschiebt sich die alltägliche Kommunikation zunehmend in die geschriebene Sphäre. Das hat einerseits Vorteile, kann aber die Alltagskommunikation auch mit neuen Herausforderungen spicken. Denn geschriebene Kommunikation gestaltet sich völlig anders als das mündliche Gespräch – auch, weil hier die nonverbale Kommunikationsebene gänzlich entfällt. Emojis und Co. können diese nur unzureichend ersetzen und sind gerade in beruflichen Kontexten oft völlig unpassend.

Dennoch bietet die neue Art der schriftlichen Alltagskommunikation auch Vorteile:

- Der Austausch von Informationen findet dann statt, wenn beide Parteien dafür gerade wirklich Zeit haben,
- Es gibt einen schriftlichen Referenzpunkt, auf den man sich auch hinterher noch einmal beziehen kann,
- Verschriftliche Kommunikation besitzt daher gleich eine höhere Verbindlichkeit,
- Schriftliche Kommunikation bietet mehr Möglichkeiten, über das Gesagte und die gewählte Formulierung nachzudenken und kann daher, unter

geeigneten Bedingungen, effizienter ablaufen als mündliche Kommunikation.

Besonders geeignet ist schriftliche Alltagskommunikation daher dann, wenn komplexe Informationen ausgetauscht werden sollen. Auch Informationen untergeordneter Wichtigkeit lassen sich so gut austauschen, da alle Beteiligten die Gelegenheit dazu erhalten, sich dann mit diesen auseinanderzusetzen, wenn es in den individuellen Alltag passt. Auch bei unklaren Bedingungen oder Streitigkeiten zwischen zwei Parteien kann sich die schriftliche Kommunikation anbieten.

In zunehmend dezentralen, internationalen Teams ist zudem hervorzuheben, dass schriftliche Kommunikation Teamarbeit über die Grenzen von Zeitzonen hinweg erlaubt.

Typische Situationen, um die sich dieses Kapitel dreht, sind beispielsweise:

- Chats oder Emails zum alltäglichen Informationsaustausch mit Kollegen und Vorgesetzten,
- Private Chats mit Freunden, Kollegen oder Verwandten,

- Beruflich oder privat versendete SMS und Kurznachrichten,
- Privat versendete Emails,
- Verfassen kurzer Notizen und Nachrichten an Kollegen, Kinder oder Partner (auch die berühmten Zettel am Kühlschrank sind Teil der Alltagskommunikation),
- Verfassen von Briefen im beruflichen oder privaten Kontext.

Diese Arten schriftlichen Austausches erledigen wir häufig nebenbei und ohne große Aufmerksamkeit. Dabei entstehen gerade hier besonders gerne Missverständnisse und Fehler – was der Grund dafür ist, dass Chats und Co. häufig weniger effizient verlaufen als direkte Gespräche. Dabei könnte diese Form der Kommunikation besonders effizient ablaufen, wenn alle Beteiligten ein Minimum an Aufmerksamkeit für den Kommunikationsprozess aufbringen würden.

Auch hier geht es weniger um einen besonders umfassenden Wortschatz als eher darum, wie klar Sie Ihre Botschaften herüberbringen können. Die folgenden Aspekte sind dafür besonders wichtig:

- Ein ausreichend großer schriftlicher aktiver Wortschatz, den Sie unter perfekter Anwendung der Rechtschreibregeln beherrschen,

- Eine gute Interpunktionspraxis,

- Einen ausreichenden Wortschatz korrekt angewendeter Fachbegriffe Ihrer individuellen Branche,

- Die Fähigkeit, knappe Sätze und Absätze zu formulieren und kurze Formulierungen zu finden.

Im Gegensatz zur mündlichen Kommunikation geht es beim schriftlichen Ausdruck darum, nicht als einfältig oder inkompetent wahrgenommen zu werden. Leider tappen sehr viele Menschen in diese Falle: Sie kennen sicherlich diesen Kunden oder Kollegen, der jede E-Mail ohne Punkt und Komma, ausschließlich in Groß- oder Kleinbuchstaben und ohne Nutzung üblicher Höflichkeitsfloskeln verfasst. Wie kommt das bei Ihnen an? Sicherlich weder besonders intelligent noch außergewöhnlich kompetent. Häufig nehmen wir diese Art des Gespräches sogar als besonders unhöflich wahr, auch wenn das nicht die Absicht des anderen war.

Um Ihren alltäglichen schriftlichen Ausdruck in solchen Situationen zu verbessern, sollten Sie abermals vier praktische Strategien verfolgen.

Gehen Sie zurück auf die Schulbank

Sie müssen nicht wirklich zurück zur Schule. Doch viele Menschen haben im Alltag Probleme mit der korrekten Rechtschreibung. Das trifft auf Sie vielleicht im besonderen Maße zu, wenn Sie vor der großen deutschen Rechtschreibreform Schreiben gelernt haben.

Gerade in beruflichen Kontexten wirkt eine falsche Rechtschreibung hochgradig inkompetent. Das gilt auch für vermeintlich Unwichtiges wie Chatverläufe. Seien Sie stets um eine korrekte Rechtschreibung und Interpunktion – also Zeichensetzung – bemüht. Auch ein Chat sollte keinesfalls ohne Punkt und Komma auskommen müssen. Achten Sie zudem besonders auf korrekte Groß- und Kleinschreibung – diese Fehler fallen nämlich besonders schnell auf.

Schauen Sie sich einmal alte Emails oder Chatverläufe an und finden Sie die Fehler, die Sie besonders häufig machen. Dann versuchen Sie, diese auszumerzen.

Nehmen Sie sich Zeit

Verschriftlichte Kommunikation hat einen großen Vorteil: Sie haben Zeit, über das nachzudenken, was Sie abschicken. Natürlich können Sie nicht über jede Chatnachricht grübeln. Nehmen Sie sich aber die Zeit, jede Nachricht bedacht zu formulieren und dabei auch verschiedene Formulierungen für ähnliche Umstände zu finden. Gewöhnen Sie sich an, jede Nachricht vor dem Abschicken oder Weitergeben nochmals kurz zu überfliegen und auf Rechtschreibfehler zu kontrollieren.

Gewöhnen Sie sich Höflichkeitsfloskeln an

Sie werden positiv auffallen, wenn Sie auch in Chats und Emails nicht auf ein gewisses Maß an Höflichkeitsfloskeln verzichten. Dazu verwenden wir beim schnellen Schreiben im Alltag häufig Abkürzungen oder bestimmte Begriffe. Bekannt ist das „LG" für „Liebe Grüße" oder die Abschiedsformel „Mit freundlichen Grüßen".

Passen Sie die gewählten Floskeln unbedingt auch Ihrem Adressaten an. „Liebe Grüße" sind einem neuen Kunden gegenüber nicht angemessen, hier sind die „freundlichen Grüße" sicher besser. Fallen Sie auf, indem Sie eine gute eigene Floskel finden. Das muss nichts Ausgefallenes sein. Bereits eine Formel wie „Beste Grüße aus dem hohen Norden" kann persönlich wirken und positiv auffallen.

Lernen Sie, knapp zu formulieren

Mehr als in jeder anderen Situation ist es in den beschriebenen Momenten wichtig, knapp und pointiert zu formulieren. Denn die meisten Gesprächspartner möchten nicht viel Text lesen müssen – je länger Ihre Nachricht daher ausfällt, desto eher wird sie nur grob überflogen oder sogar nur unvollständig gelesen.

Zwingen Sie sich daher dazu, alle Sachverhalte in zwei bis drei kurzen Sätzen darzulegen. Das ist eine gute Übung, um auch in anderen Situationen schneller auf den Punkt zu kommen.

Sprache in außergewöhnlichen mündlichen Situationen

Nun begegnen uns immer wieder auch außergewöhnliche Situationen. In diesen sind wir kommunikativ oft besonders unsicher, andererseits können wir uns auf diese normalerweise auch eher vorbereiten. Denn während das spontane Gespräch mit dem Chef unvorbereitet entsteht, steht das Datum für ein Feedbackgespräch oft schon Wochen vorher fest. Das kann einerseits ein Segen, andererseits aber auch ein Fluch sein. Daher wollen wir uns auch mit diesen nicht so alltäglichen Situationen beschäftigen, die Ihnen begegnen.

Auch hier können wir wieder in mündliche und schriftliche Situationen unterscheiden. Sollen Sie mündlich in einem Kontext überzeugen, der nicht alltäglich ist, so hat das verschiedene Vorteile für Sie:

- Sie können andere in solchen Situationen besonders leicht von Ihrer Person überzeugen und Sympathien wecken,

- Sie können in diesen Situationen besonders schlagfertig und intelligent wirken,

- Sie können bestimmte Kommunikationstechniken eingehend austesten und direkt die Reaktionen Ihrer Adressaten beobachten.

Typische Situationen für diese Art der mündlichen Kommunikation wären die folgenden:

- Halten einer Rede oder eines (Fach-)Vortrags vor einem Publikum,

- Durchführen eines Webinars mittels Videokamera,

- Anleitung von Workshops oder Teambuilding-Events innerhalb Ihres Unternehmens,

- Durchführen von Mitarbeiter-, Feedback- oder Vorstellungsgesprächen von beiden Seiten (als Einladender oder als Eingeladener),
- Halten eines Referates,
- Teilnahme an einer Podiumsdiskussion,
- Durchführen eines Interviews, wieder von beiden Seiten,
- Moderation einer Veranstaltung.

Diese Liste könnten wir sicherlich noch deutlich verlängern – Ihnen fallen bestimmt noch viel mehr Situationen ein, die eine ähnliche Situation darstellen. Wichtig ist hier aber vor allem, dass Sie wissen, worüber wir sprechen. Allen diesen Situationen ist in erster Linie gemeinsam, dass Sie bereits im Vorhinein wissen, dass sie anstehen. Dadurch haben Sie Zeit, sich darauf vorzubereiten – selbst wenn es nur wenige Stunden sind.

Sie können sich sicherlich vorstellen, dass in solchen Momenten ganz andere Dinge wichtig sind als im Bereich der Alltagskommunikation. Denn hier geht es nicht unbedingt nur um eine klare, leicht verständliche Sprache. Hier dürfen Sie sprachlich durchaus glänzen – wenn auch unter gewissen Bedingungen.

Die Aspekte, die eine angemessene Sprache für die beschriebenen Momente ausmachen, sind:

- Ausgefeilte, auffallende Formulierungen,
- Eine bildhafte, anschauliche Sprache,
- Logische Argumentationen und die Fähigkeit, auch Details darzulegen, ohne allzu sehr auszuschweifen,
- Ein erweiterter anwendbarer Wortschatz, sowohl allgemein als auch fachspezifisch,
- Die Fähigkeit, in hohem Maße adressatenbezogen zu kommunizieren,
- Die Fähigkeit, prägnant und pointiert auf Fragen zu antworten, auch, wenn Sie sich auf diese nicht explizit vorbereiten konnten.

Es geht in solchen Situationen also darum, eine gute Mittelposition zwischen einer edlen Ausdrucksweise und einer guten Verständlichkeit zu finden. Drücken Sie sich hier zu hochgegriffen aus, kommen Sie schnell arrogant, hölzern oder unsympathisch herüber. Nutzen Sie hingegen eine für das entsprechende Publikum zu einfache Sprache, wirken Sie inkompetent oder ungeeignet. Wenn Sie es schaffen, den richtigen Punkt in der Mitte zu treffen, können Sie hingegen besonders leicht von sich überzeugen.

Um dies zu erreichen, helfen Ihnen die folgenden fünf Strategien.

Legen Sie sich wichtige Formulierungen bereit

Sollten Sie eine Rede oder einen Vortrag halten, ist dies etwas einfacher, da Sie hier zumindest den ersten Teil des Geschehens selbst kontrollieren. Überlegen Sie gut, welche Formulierungen gut und passend sind und prägen Sie sich diese so ein, dass Sie sie ohne großes Nachdenken anwenden können. Das gilt auch für Teile der Situation, auf die Sie keinen Einfluss haben – legen Sie sich einige passende Formulierungen zurecht, die Sie dann nur noch an die entsprechende Frage anpassen müssen.

Frischen Sie Ihren Wortschatz auf

Im Gegensatz zu alltäglichen Kommunikationssituationen müssen Sie hier nicht unbedingt auf Ihren aktiven Wortschatz vertrauen. Auch, wenn Experten diese Unterscheidung nicht unbedingt machen, würde ich hier gerne vom „anwendbaren Wortschatz" sprechen. Denn unser passiver Wortschatz umfasst sehr viele Worte, die wir aktiv nie verwenden, auch deshalb, weil das im Alltag eigentlich nie passt. In den beschriebenen Situationen sollten Sie aber voll auf Ihren passiven Wortschatz zurückgreifen, und diesen korrekt anwenden können. Dazu gehört meist nur, sich zu trauen. Machen Sie sich am besten bereits vorher mit selten genutzten Wörtern bekannt, die Ihnen in der jeweiligen Situation helfen könnten.

Lernen Sie, angemessen zu argumentieren

Auch hier ist es ungemein wichtig, logisch argumentieren zu können. Allerdings dürfen Sie in den genannten Kontexten ruhig etwas(!) ausschweifender werden. Denn hier geht es durchaus auch darum, Details darzulegen. Üben Sie vorab, wie Sie die Einzelheiten einer Sache darlegen können, ohne sich zu verlieren. Üben Sie sich darin, auch bei längeren Ausführungen einen roten Faden beizubehalten.

Analysieren Sie Ihr Publikum

Mit oder vor wem werden Sie sprechen? Das ist ungemein wichtig, gerade, wenn Sie im Mittelpunkt eines Gesprächs stehen. Machen Sie sich vorher konkrete Gedanken dazu, mit wem Sie sprechen und was diese Personen auszeichnet. Überlegen Sie, wieviel Fachwissen die entsprechenden Personen zum Thema mitbringen. Dann überlegen Sie, welche Sprache angemessen ist. Beziehen Sie dabei auch den mutmaßlichen passiven Wortschatz Ihrer Zuhörer mit ein. Aber: Unterschätzen Sie Ihre Zuhörer nicht!

Üben Sie die Beantwortung von Fragen

In nahezu jedem der genannten Kontexte kann es wichtig sein, korrekt, sicher und ohne Umschweife auf an Sie gerichtete Fragen zu antworten. Hier kann jedes Zögern unschön herüberkommen. Nehmen Sie sich dennoch Zeit, um einen Moment über jede Frage nachzudenken – das wirkt eher intelligent als problematisch. Üben Sie vorher, auch unbequeme Fragen zu beantworten. Suchen Sie sich dazu jemanden, der die Situation mit Ihnen durchspielt.

Sprache in außergewöhnlichen schriftlichen Situationen

Letztlich wollen wir nun auch die nicht so alltäglichen Situationen betrachten, in denen Sie schriftlich kommunizieren müssen. Diese Situationen sind sprachlich am einfachsten zu bewältigen, denn normalerweise haben Sie reichlich Zeit, um auch an der letzten Formulierung zu feilen. Die Schwierigkeit liegt hier daher oft darin, den richtigen Zeitpunkt zum Aufhören zu erwischen. Denn an einem bestimmten Punkt wird Ihr Text nicht besser, sondern nur noch anders.

Wenn Sie ein für Sie untypisches Schriftstück aufsetzen müssen, können Sie in dieser Situation auf verschiedene Arten profitieren:

- Sie erhalten eine ideale Ausgangssituation, um ganz allgemein an Ihrem Ausdruck und Wortschatz zu feilen und selten genutzte Wörter wieder aufzufrischen.

- Sie können wie bei keiner anderen Form der Kommunikation sprachlich brillieren und andere von sich einnehmen.

- Sie können Sachverhalte in Ihrem eigenen Tempo und ohne Störung so darlegen, wie Sie es sich wünschen.

Damit ist diese Art der Kommunikation nicht nur dann geeignet, wenn Sie beispielsweise zur Anfertigung einer Arbeit verpflichtet werden. Auch der Einsatz von Briefen kann helfen, sozial schwierige Situationen zu klären. Sie geben Ihnen die Chance, bestimmte Informationen beim anderen zu platzieren, ohne dass Sie unterbrochen werden oder das Gespräch sich in eine andere Richtung entwickelt.

Typische Situationen wären hier:

- Das Verfassen schriftlicher (Abschluss-)Arbeiten,

- Schreiben eines Buches oder der eigenen Biografie,

- Schreiben eines Liebesbriefes,

- Verfassen einer Kündigung oder Bewerbung.

Diese besondere Kommunikationsform kommt also auch vor allem dann in Frage, wenn Sie außergewöhnliche Inhalte verfassen möchten.

Hier kommt es daher noch einmal auf ganz andere Aspekte an als bei der außergewöhnlichen mündlichen Kommunikation:

- Perfekte Rechtschreibung und Interpunktion,
- Vielseitige und außergewöhnliche Formulierungen,
- Bombensichere Argumentationen ohne Lücken,
- Belegbare Aussagen und geeignete Quellenzitate,
- Eine klare Struktur und ein schlüssiger Aufbau,
- Ein vielseitiger Wortschatz,
- Eine spannende Erzählweise.

Hier geht es also stärker als in anderen Situationen darum, nicht nur zielgerichtet, sondern auch anschaulich zu argumentieren. Selbst im Bewerbungsanschreiben möchte der Adressat unterhalten werden – schreiben Sie zu trocken, wird das Anschreiben nach zwei bis drei Sätzen zur Seite gelegt. Daher sollten Sie hier auch am meisten Zeit für das Ausformulieren einplanen.

Die folgenden vier Strategien helfen Ihnen.

Lernen Sie, mit Hilfsmitteln und Quellen zu arbeiten

Auch, wenn Sie keine akademischen Texte verfassen (aber besonders dann!) sollten Sie den korrekten Umgang mit Quellen, Zitaten und anderen Hilfsmitteln erlernen. Das gilt sogar, wenn Sie nur Bewerbungen schreiben möchten – denn auch hier sollten Sie zumindest mit Wörterbuch und Thesaurus arbeiten.

Überlegen Sie, welche Hilfsmittel Ihnen beim Verfassen Ihres Textes helfen könnten. Dann machen Sie sich mit deren Nutzung vertraut. Gerade das Wörterbuch sollte zu Ihrem festen Repertoire gehören. Das ist keine Schande: Selbst professionelle Autoren nutzen es tagtäglich.

Lernen Sie, vielseitig zu formulieren

Ein geschriebener Text, der länger als zwei bis drei Sätze ist, langweilt uns schnell. Das gilt umso mehr in Zeiten der sozialen Netzwerke, in denen wir uns das Lesen langer Passagen mehr und mehr abgewöhnen.

Um Ihre Leser zu fesseln, müssen Sie vielseitig formulieren. Vermeiden Sie die Wiederholung von Formulierungen wo immer möglich. Dabei hilft Ihnen die allgemeine Arbeit mit Ihrem Wortschatz sowie die Nutzung eines Thesaurus.

Merzen Sie argumentative Schwächen aus

Gibt es diese Stellen, an denen Sie nicht ganz sicher sind – und dann versuchen, diese Unsicherheit mit einer selbstsicheren, edlen Formulierung zu überspielen? Oder das entsprechende Detail einfach auszusparen? Leider merkt der Leser beides. Sogar im Bewerbungsanschreiben merkt ein Personaler schnell, wenn Ihre Ausführungen irgendwo nicht schlüssig sind.

Sie müssen daher lernen, diese Lücken in Ihren Argumentationen zu finden und zu beseitigen. Wenn Sie den Sachverhalt nicht sicher klären können, lassen Sie den gesamten Argumentationsstrang weg – und finden Sie stattdessen einen anderen interessanten Inhalt, über den Sie sprechen können.

Beschäftigen Sie sich mit Storytelling

Gute Werbung lebt schon lange nicht mehr von lustigen Sprüchen oder gar einzigartigen Produkten – denn irgendwie haben wir alles schonmal gesehen. Viel wichtiger ist heute gutes Storytelling, also dass die zu übermittelnde Information in eine möglichst emotionale, für Menschen greifbare und nachvollziehbare Geschichte verpackt wird.

Natürlich müssen Sie nicht zum Werbeprofi werden. Wenn Sie aber schriftlich überzeugen wollen, kommen Sie nicht umhin, sich mit gutem Storytelling zu beschäftigen. Denn so reißen Sie die Menschen mit und erleichtern es ihnen, Ihren Ausführungen zu folgen.

Verbessern Sie praktisch Ihren Ausdruck

Sicherlich haben Sie mittlerweile viele wertvolle Anreize erhalten, wie Sie Ihren sprachlichen Ausdruck in bestimmten Situationen verbessern können. Dennoch ist dieses Buch bisher eher auf der theoretischen Ebene geblieben. Darum möchte ich Ihnen nun im letzten Teil des Buches 30 Übungen zeigen, mit denen Sie aktiv an Ihren sprachlichen Fähigkeiten arbeiten können.

Denn die Wahrheit ist: Sprache ist aktiv und dynamisch. Die theoretische Auseinandersetzung kann daher stets nur ein Aspekt der Beschäftigung damit sein.

Tauchen wir also ein in 30 Übungen, die Ihnen helfen, sich sprachlich zu verbessern. Am besten legen Sie sich dazu etwas zu schreiben bereit. Machen Sie einen gesonderten Ordner oder Block nur für Ihre Sprachübungen auf. Denn auf viele Ihrer Ergebnisse werden Sie später wieder zugreifen wollen.

Arbeiten Sie sich dann systematisch durch die Übungen – sie werden Ihnen helfen, Stück für Stück mehr sprachliche Sicherheit zu erlangen.

30 Übungen für eine bessere Ausdrucksweise und einen größeren Wortschatz

Im Folgenden wollen wir nun direkt in die 30 Übungen einsteigen – trauen Sie sich und legen Sie einfach los. Die Übungen sind so sortiert, dass einfachere Übungen am Anfang stehen und schwierigere Aufgaben weiter hinten erscheinen.

Übung 1: Hören Sie anderen zu

Es klingt einfach, doch diese Übung kann sehr effektiv sein: Hören Sie anderen aufmerksam zu, besonders Menschen, die es schaffen, Sie sprachlich in ihren Bann zu ziehen. Was macht die Sprache dieses Menschen so anziehend? Welche Worte, Formulierungen oder Satzstrukturen nutzt er, die Sie sich abschauen können?

Schreiben Sie nach dem Gespräch Worte oder Formulierungen auf, die Sie nie nutzen aber gerne nutzen würden. Trauen Sie sich, auch einmal nachzufragen, wenn Sie ein Wort nicht kennen – die andere Person wird es Ihnen nicht übelnehmen.

Übung 2: Lesen Sie mehr

Es gibt nur wenig, was den eigenen Wortschatz so effektiv erweitern kann wie das Lesen. Schauen Sie die Bestsellerlisten durch und suchen Sie sich dort Bücher aus, die Sie interessieren. Lesen Sie Fachliteratur Ihrer Branche und achten Sie dort auf Fachbegriffe, die Ihre Sprache im beruflichen Kontext sinnvoll erweitern würden.

Schreiben Sie sich auch hier auffallende Formulierungen oder Ihnen unbekannte Worte heraus. Legen Sie so nach und nach eine Art „Vokabelheft" an, in dem Sie alle Worte ablegen, die Sie entweder nicht kennen oder gerne häufiger benutzen würden.

Übung 3: Bilden Sie Wortfelder

Etwas anders funktioniert diese Übung. Hier geht es darum, möglichst viele Synonyme für Worte zu finden. Machen Sie dazu am besten zunächst Worte ausfindig, die Sie selbst besonders häufig verwenden. Für diese Worte sollten Sie Alternativen finden – das macht Ihre Sprache sehr viel abwechslungsreicher. Schreiben Sie das Wort in die Mitte eines Blatt Papiers.

Nun versuchen Sie zunächst, ohne Hilfe Synonyme für das Wort zu finden, also Begriffe, die das gleiche beschreiben. Viele Synonyme ermöglichen Ihnen zudem eine Bildung individuellerer Nuancen. Wenn Ihnen keine Begriffe mehr einfallen, suchen Sie das Wort im Thesaurus. Schreiben Sie alle für Sie hilfreichen Synonyme aus dem Thesaurus mit auf den Zettel.

Nun haben Sie ein sogenanntes Wortfeld gebildet. Dieses können Sie nutzen, um den entsprechenden Begriff in Zukunft vielseitiger zu umschreiben und sich so insgesamt treffender auszudrücken. Legen Sie so viele Wortfelder an, wie Sie möchten.

Übung 4: Frei assoziieren

Vielleicht verbinden Sie diese Übung eher mit Psychotherapie – allerdings kann sie auch helfen, Ihren Wortschatz und Ihre sprachliche Flexibilität zu erhöhen.

Beim freien Assoziieren gehen Sie von einem Wort aus und bilden spontan Wortketten. Nehmen wir an, sie möchten zu *Wort* assoziieren. Als nächstes fällt Ihnen vielleicht *Satz* ein. Nun assoziieren sie das erste Wort, dass Ihnen zu *Satz* einfällt, vielleicht *Länge*, dazu assoziieren sie dann *Rock*, dazu *kurz* und so weiter.

Wenn Sie die Übung auf das nächste Level heben wollen, wiederholen Sie sie – diesmal dürfen Sie aber keines der bereits assoziierten Worte verwenden. Das zwingt Sie dazu, mehr über die Verbindungen zwischen Worten nachzudenken.

Übung 5: Übersetzen Sie Texte

Diese Übung eignet sich nur, wenn Sie eine Fremdsprache hinreichend gut können oder vielleicht zweisprachig aufgewachsen sind. Dann aber kann sie sehr effektiv sein.

Übersetzen Sie einen Text aus der Ihnen geläufigen Fremdsprache ins Deutsche. Ist Deutsch nicht Ihre Muttersprache, können Sie auch aus Ihrer Muttersprache ins Deutsche übersetzen. Der Text darf Ihrem Niveau in der jeweiligen Sprache entsprechen. Wichtig ist, dass Sie überlegen, was der Autor in jedem Satz sagen wollte. Dann versuchen Sie, diese Aussage auf Deutsch so gut wie möglich auf den Punkt zu bringen.

Übung 6: Umschreiben Sie

Dieses Prinzip nutzt so manches Gesellschaftsspiel: Umschreiben Sie häufig genutzte Worte, ohne das entsprechende Wort zu nutzen. Statt *Apfel* könnten Sie also sagen: *ein heimisches, sehr saures Obst mit roter oder grüner Schale.*

Dieses Spiel können Sie auf zwei Arten aufs nächste Level heben.

Die eine Möglichkeit ist, dass Sie bestimmte weitere Worte auf die „Sperrliste" setzen. Sie können auch immer neue Umschreibungen finden, die die Schlüsselworte der letzten

Umschreibung nicht enthalten. In oben genanntem Beispiel würden Sie eine Umschreibung ohne die Worte *Schale, rot, grün* und *sauer* suchen. Das können Sie beliebig weiterführen.

Zudem können Sie versuchen, in Ihrem Alltag Worte zu umschreiben, ohne, dass die andere Person das merkt!

Übung 7: Analysieren Sie Ihren Stil

Nehmen Sie sich von Ihnen geschriebene Texte (das können auch Briefe oder Chatverläufe sein) vor. Alternativ lassen Sie bei einem Gespräch einmal den Rekorder Ihres Handys mitlaufen und hören Sie das Gespräch später nochmal an.

Versuchen Sie dann, eine objektive Stellung einzunehmen und analysieren Sie Ihren Sprachstil. Wie würden Sie ihn beschreiben? Was fällt auf? Wenn jemand anders so schreiben oder sprechen würde, was würden Sie ihm empfehlen?

Übung 8: Lösen Sie Kreuzworträtsel

Kreuzworträtsel klingen nach einem eher altmodischen Zeitvertreib. Allerdings können Sie sehr gut geeignet sein, den eigenen Wortschatz aufzufrischen und zu erweitern.

Achten Sie dabei darauf, Kreuzworträtsel mit einem gewissen Niveau zu wählen. Die intensive Beschäftigung mit den Worten hilft, sie sich besser einzuprägen. Überlegen Sie am Ende, welche der Worte Sie häufiger im Alltag nutzen könnten und schreiben Sie sie auf.

Auch andere, ähnliche Rätsel können geeignet sein.

Übung 9: Lesen Sie sich selbst vor

Dass Lesen gut ist, haben wir schon in Übung 2 festgestellt. Lesen Sie sich aber öfters auch mal selbst laut vor. Das können Bücher oder Zeitschriften, aber auch Ihre eigenen Texte sein.

Das Vorlesen aktiviert zusätzliche Mechanismen Ihres Gedächtnisses, sodass Sie sich die vorgelesenen Sätze und Formulierungen besser merken können. Zudem lernen Sie beim Vorlesen auch, Ihre Sprache zu modulieren, was einem zufriedenstellenden sprachlichen Ausdruck sehr dienlich ist. Lesen Sie also nicht nur vor – bieten Sie sich selbst eine Show! Wenn Sie kleine Kinder haben, lesen Sie diesen ebenfalls öfters vor.

Übung 10: Fernsehen

Sie haben richtig gelesen: Auch fernsehen kann eine Sprachübung sein! Dafür sollten Sie natürlich das richtige Programm auswählen.

Gut geeignet sind bildende Inhalte. Schauen Sie also Reportagen oder Talkshows. Blicken Sie dabei auch einmal über den Tellerrand und schalten Sie bewusst nicht weiter, wenn das Thema Sie nicht sofort fesselt. Hören Sie zu und achten Sie wieder auf Sprache und Wortschatz der Menschen, die Sie sehen können. Notieren Sie sich Worte, deren Bedeutung Sie später nachschlagen möchten oder die Sie gerne häufiger im Alltag verwenden wollen.

Wenn Sie mit Dokus gar nichts anfangen können, kommen alternativ auch qualitativ ansprechende Quizsendungen oder Nachrichten in Frage.

Übung 11: Fassen Sie Texte zusammen

Nehmen Sie sich einen Text vor und fassen Sie ihn in wenigen, eigenen Worten zusammen. Sie müssen dazu nicht lange nach Texten suchen – diese Übung funktioniert mit jedem Text, der ein Mindestmaß an Informationen enthält. Sie können also ein Kapitel aus dem Roman zusammenfassen, den Sie ohnehin gerade lesen, oder einen Artikel aus der Tageszeitung. Wenn Sie sich steigern möchten, wählen Sie komplexere Inhalte wie Fachartikel oder ganze Bücher.

Achten Sie beim Zusammenfassen besonders darauf, keine der Formulierungen des Verfassers zu wiederholen. Sie sollen wirklich eigene Worte finden. Vermeiden Sie auch die Wiederholung von Begriffen. Wählen Sie stattdessen Synonyme.

Übung 12: Lassen Sie Hilfsverben weg

Hier müssen Sie eventuell Ihr Schulwissen etwas auffrischen: Wissen Sie noch, was Hilfsverben sind?

Wir verstehen darunter Verben, die lediglich dazu dienen, die genaue Bedeutung eines anderen Verbs, des Vollverbs, zu unterstützen. Die drei großen, wichtigen Hilfsverben der deutschen Sprache sind *sein, haben* und *werden*.

Versuchen Sie einmal, einen Text zu formulieren, ohne diese Hilfsverben zu verwenden. Das kann eine ganz schön kniffelige Aufgabe sein, die Sie regelrecht dazu herausfordert, über den Tellerrand Ihrer normalerweise genutzten Formulierungen zu blicken.

Eine Steigerungsform ist es, auch in Alltagsgesprächen möglichst auf Hilfsverben zu verzichten, ohne, dass Ihre Sprache dadurch unnatürlich klingt.

Übung 13: Lassen Sie Ihre Texte analysieren

Eine fachliche Analyse Ihres Schreibstils kann sehr hilfreich sein. Was teuer klingt, lässt sich in Zeiten des Internets ganz einfach umsetzen. Denn es gibt spezielle Tools dafür im Internet. Meistens sind diese zwar darauf ausgelegt, professionelle Texter bei der Erstellung von Inhalten für Webseiten und Co. zu unterstützen – allerdings können auch

Sie sich diese Technologie zur Verbesserung Ihres Ausdrucks zunutze machen!

Sie finden die entsprechenden Tools, wenn Sie nach „Textanalyse Tool“ im Internet suchen. Ein bekanntes und brauchbares Tool, welches kostenfrei genutzt werden kann, finden Sie auf der Website *wortliga.de*.

Das Tool zeigt Ihnen grammatikalische und stilistische Schwächen Ihres Textes auf. So können Sie an Ihren Texten feilen und bekommen mit der Zeit ein Gefühl dafür, an welchen Stellen Sie ansetzen müssen, um allgemein besser zu formulieren.

Übung 14: Bilden Sie Antonyme

Eine Steigerungsform zum Bilden von Synonymen ist es, Antonyme zu bilden. Das ist der Fachbegriff für das Gegenteil einer Sache. Wenn wir Gegenteile ausdrücken möchten, nutzen wir häufig wenig elegante Formulierungen mit „kein…“ oder „nicht…“

Bilden Sie Antonym-Wortfelder für Worte, die Sie häufig verwenden. So bauen Sie sich einen erweiterten aktiven Wortschatz auf.

Übung 15: Spielen Sie Wortspiele

Kreuzworträtsel haben wir schon genannt. Diese haben aber, durch die einsame, ruhige Beschäftigung damit, eher einen statischen Charakter. Eine Steigerung ist es daher, dynamische Wortspiele zu spielen.

Besonders gut geht das mit verschiedenen Gesellschaftsspielen. Vielleicht denken Sie hier als erstes an *Scrabble*, doch auch andere Sprachspiele wie *Story Cubes* oder *Tabu* trainieren Ihre sprachlichen Fähigkeiten – in freundschaftlicher Runde und mit viel Spaß!

Übung 16: Nutzen Sie die richtigen Apps

In unserer heutigen Zeit, in der das Smartphone uns häufig viele Stunden am Tag begleitet, wäre es nahezu fahrlässig, dieses nicht in Ihre Übungen mit einzubeziehen.

Es gibt viele Apps, die speziell dazu erstellt wurden, Ihnen beim Erweitern Ihres Wortschatzes zu helfen. Auch hier kommt ein spielerischer Impuls hinein, der es Ihnen besonders angenehm ermöglicht, an Ihren sprachlichen Möglichkeiten zu feilen. Geben Sie doch in Ihrem App Store einfach einmal „Wortschatz" ein und schauen Sie sich an, welche Treffer dabei herauskommen.

Auch Apps rund um das Gehirntraining enthalten meist, neben anderen Bereichen, sprachliche Übungen. Zudem finden

Sie auch klassische Spiele wie *Scrabble* oder Kreuzworträtsel als App für Ihr Mobiltelefon.

Daneben können Sie, statt Ihre Synonyme beispielsweise analog zu organisieren, auch eine Karteikarten-App dazu nutzen.

Übung 17: Lernen Sie unbekannte Worte

Wenn Sie irgendwo ein Wort hören, dass Sie noch nicht kennen, schreiben Sie es unbedingt auf oder fragen Sie dessen Bedeutung nach. Sie können aber darüber hinaus Ihren Wortschatz auch auf andere Art erweitern: Öffnen Sie ein Lexikon oder Wörterbuch an beliebiger Stelle. Das geht auch in Online-Enzyklopädien wie der Wikipedia. Hier gibt es die Funktion „zufälliger Artikel".

Suchen Sie sich dann einen Artikel zu einem Wort, dessen Bedeutung Sie nicht oder nicht genau kennen. Denn ein großer Wortschatz erfordert auch ein umfangreiches Allgemeinwissen!

Übung 18: Lesen Sie Zeitung

Wenn Sie kein regelmäßiger Zeitungsleser sind, gewöhnen Sie es sich an – es tut auch die Online-Ausgabe einer beliebigen Tageszeitung. Wenn Sie bereits täglich Zeitung lesen, versuchen Sie verstärkt, auch Artikel aus Ressorts zu lesen, die Sie tendenziell eher überspringen. Das kann helfen, neue

Worte und Formulierungen zu entdecken. Wie immer sollten Sie Stift und Zettel bereithalten, um diese herauszuschreiben.

Gehen Sie auch über die Tageszeitung hinaus und lesen Sie Zeitschriften zu bestimmten Themen oder Fachzeitschriften Ihrer Branche.

Das Lesen aktueller Medien hilft Ihnen dabei, stets eine gehobene Sprache zu pflegen, die dennoch zeitgemäß wirkt. Beruflich laufen Sie so zudem nie Gefahr, wichtige Entwicklungen Ihrer Branche zu verpassen.

Übung 19: Beschäftigen Sie sich mit fachfremden Medien

Wenn Sie ein geübter Zeitungsleser sind, können Sie auch hier das Niveau eine Stufe anheben: Lesen Sie die Fachpresse anderer Branchen. Dabei kann es sich entweder um einen Themenbereich handeln, der Sie privat interessiert, oder aber um Fachmagazine aus an Ihre Branche angrenzenden Bereichen, über die Sie aktuell zu wenig wissen. Vielleicht möchten Sie sich zum Beispiel mehr mit der Branche Ihres wichtigsten Kunden auseinandersetzen?

Es kann schwer sein, fremde Fachpresse zu verstehen. Mit der Zeit aber werden Sie in diesem Bereich einen Wortschatz aufbauen. Der Blick über den Tellerrand hilft Ihnen, auch in ungewohnten Situationen sprachlich zu überzeugen – selbst, wenn das erworbene Wissen nur wenig praktischen Wert für Sie hat.

Übung 20: Die magischen 3 Worte

Diese Übung ist schon nahezu ein Klassiker der Sprachverbesserung. Suchen Sie sich dazu zunächst drei Worte aus, die Sie häufiger in Ihrem Alltag verwenden möchten.

Nehmen Sie sich dazu all die Worte zur Hand, die Sie durch die vorangegangenen Übungen bereits analysiert und gefunden haben. Nun wählen Sie drei davon aus: Zwei, die einfacher unterzubringen sind sowie ein schwereres Wort. Achten Sie aber dennoch darauf, dass die Worte überhaupt in Ihren Alltag passen. „Kreissäge“ werden Sie als Banker nur schwer in Ihrem Alltag unterbringen können.

Das Ziel ist es nun, jedes der Worte mindestens einmal täglich zu verwenden. Führen Sie Strichlisten oder haken Sie die Worte nach Verwendung ab. Das machen Sie eine Woche lang – dann suchen Sie sich drei neue Worte aus.

Durch diese Übung werden viele der Worte dauerhaft in Ihren aktiven Wortschatz übergehen.

Übung 21: Hören Sie Musik und Lyrik

Es gibt viele Musikarten, bei denen der Text eine zentrale Rolle spielt. Bekannte Beispiele wären Rap, Chanson oder die klassischen Liedermacher. Allerdings eignet sich hier nahezu jeder Künstler, dessen Texte eine gewisse Höhe aufweisen.

Musiktexte sind oft außergewöhnlich formuliert, da sie sich organisch in die Musik einfügen müssen. Sie können von Musikern daher viel lernen. Hören Sie also aktiv zu, wenn Sie Musik hören.

Wenn Ihnen die genannten Musikstile nicht zusagen, können Sie sich alternativ mit gesprochener Lyrik beschäftigen. Man spricht hier von Spoken Word oder Poetry Slam. Sie finden viele Poetry Slam Videos bei YouTube und Co. Poetry Slammer sind oft wahre Wortakrobaten, von denen Sie sicherlich viel lernen können.

Übung 22: Feilen Sie an Ihrer Grammatik

Bei den meisten von uns liegt die Schulzeit schon eine Weile zurück. Wenn Sie nicht gerade Germanistik studiert haben, ist es daher wahrscheinlich, dass Ihre letzte Auseinandersetzung mit der deutschen Grammatik länger zurückliegt oder eher oberflächlich ablief. Denn in der Schulzeit kann sich nicht jeder für die Auseinandersetzung mit Grammatik begeistern.

Frischen Sie also systematisch Ihr Grammatikwissen auf. Das muss nicht so trocken sein, wie es klingt. Die Webpräsenz des *Dudens* beispielsweise bietet viel anschaulich erklärtes Wissen rund um die deutsche Rechtschreibung und Grammatik. Ein besonderer Geheimtipp ist der Podcast des *Dudens*. Jede Folge beschäftigt sich mit sprachlichen Besonderheiten und kann enorm auch bei der Wortschatzerweiterung helfen.

Übung 23: Lesen Sie Bücher aus anderen Epochen

Bücher lesen wurde bereits mehrfach genannt – allerdings neigen wir dazu, nur neueste Erscheinungen oder maximal wenige Jahre alte Bücher zu lesen. Das ist auch grundsätzlich okay – schließlich möchten Sie Ihren Wortschatz im Hier und Jetzt verbessern und nicht mit Menschen aus dem 18. Jahrhundert kommunizieren.

Allerdings kann es dennoch hilfreich sein, etwas ältere Literatur zu lesen. Es muss nicht unbedingt Goethe oder Schiller sein – schauen Sie doch einmal, was die Literatur der letzten 100 Jahre zu bieten hat. Interessante Autoren sind Klassiker wie Albert Camus oder Thomas Mann ebenso wie weniger bekannte Vertreter ihrer Zeit. Lesen Sie bewusst auch Klassiker der Weltliteratur und achten Sie dabei auf den Sprachgebrauch des Autors. Viele der verwendeten Formulierungen oder Worte klingen zwar für moderne Ohren ungewöhnlich, aber nicht altmodisch, und können sehr edel wirken, wenn Sie sie verwenden.

Übung 24: Üben Sie die rhetorischen Mittel

Die wichtigsten rhetorischen Mittel haben Sie in diesem Buch bereits kennengelernt. Doch wie haben Sie das Kapitel abgehandelt? Haben Sie es einfach durchgelesen und sind dann weiter zum nächsten Abschnitt des Buches gegangen?

Das ist nicht schlimm – so verfahren die meisten Menschen. Nun gehen Sie aber zurück und machen Sie eine aktive Übung aus den rhetorischen Mitteln. Fast alle beschriebenen Stilmittel können Sie aktiv auf einem Blatt Papier ausprobieren. Finden Sie also zu jedem der 40 rhetorischen Mittel eigene Beispiele. Sie können dazu, so wie hier im Buch, einen Satz immer wieder durchspielen oder jeweils neue Beispiele suchen.

Übung 25: Lernen Sie eine neue Sprache

Das mag zunächst nicht einleuchtend klingen: Das Erlernen einer neuen Sprache kann Ihnen helfen, auch in Ihrer eigenen Sprache flexibler zu werden. Wie das?

Die intensive Auseinandersetzung mit einer fremden Sprache zwingt Sie dazu, sich auch mit Ihrer eigenen Sprache wieder intensiver zu beschäftigen. Zudem werden viele Dinge in Fremdsprachen ganz anders formuliert. Das kann gute

Ideen in Ihnen säen, wie Sie auch im Deutschen Dinge einmal ganz neu formulieren könnten.

Zudem hält das Erlernen neuer Sprachen Ihr Denken flexibel. Wie sagt man so schön: Wer rastet, der rostet! Das gilt für das Hirn ebenso wie für Muskeln oder andere Organe.

Sie können heute viele Sprachen bequem mit Apps lernen. Ziehen Sie aber auch das Lernen in einer Gruppe in Betracht: Der Austausch tut Ihren kommunikativen Fähigkeiten gut.

Übung 26: Schreiben Sie Tagebuch

Zugegeben: Tagebuch schreiben klingt eher nach Teenagern. Allerdings kann diese Selbstreflexion auch Ihnen als Erwachsenem helfen, sich täglich in der Verwendung von Sprache zu üben. Wichtig ist, dass Sie Sprache nutzen – egal in welchem Kontext. Das Tagebuch kann eine gute Schule sein, vor allem emotionale Belange besser sprachlich auszudrücken.

Wenn Sie sich fürs Tagebuchschreiben nicht erwärmen können, probieren Sie doch einmal die sogenannten Morgenseiten. Dabei nehmen Sie sich jeden Morgen 30 Minuten Zeit, um drei DIN A4 Seiten zu füllen – ganz egal, mit was.

Übung 27: Schreiben Sie Gedichte oder Geschichten

Wenn Sie Ihre sprachlichen Fähigkeiten verbessern möchten, müssen Sie mehr lesen, sprechen und schreiben. Eine Variante, die Ihnen auch viel Freude bereiten kann, ist es, Gedichte oder Geschichten zu schreiben.

Wissen Sie nicht, worüber Sie schreiben sollen? Nehmen Sie an Schreib-Challenges teil oder schauen Sie mal nach Kurzgeschichtenwettbewerben. Sie müssen Ihre Geschichten nicht einreichen – können es aber machen, um sich selbst mehr zu pushen. Alternativ gibt es auch Apps, die jeden Tag einen „Prompt", also einen Schreibvorschlag, liefern. Hier sind besonders englischsprachige Apps vertreten. Suchen Sie einfach nach „writing prompts" im App Store Ihres Vertrauens.

Übung 28: Beteiligen Sie sich aktiv an kommunikativen Situationen

Fühlen Sie sich sprachlich besser aufgestellt? Dann sind die letzten drei Übungen für Sie wie gemacht, denn ihr Zweck ist es vor allem, Ihre Fähigkeiten im „echten Leben" zu trainieren.

Der erste, einfachste Schritt ist es, sich mehr an ohnehin stattfindenden kommunikativen Situationen zu beteiligen. Wimmeln Sie Ihren Nachbarn also nächstes Mal nicht ab, sondern beginnen Sie ein nettes Gespräch mit ihm. Initiieren Sie mehr Gespräche am Familientisch. Und beteiligen Sie sich aktiver an Meetings oder anderen sozialen, beruflichen

Situationen. Achten Sie dabei darauf, Ihre neuen sprachlichen Fähigkeiten anzuwenden.

Übung 29: Suchen Sie neue kommunikative Situationen

Versuchen Sie, um das Ganze zu steigern, sich in bisher unbekannte soziale Situationen zu bringen. Treten Sie zum Beispiel einem neuen Verein bei oder schauen Sie mal bei einem Stammtisch vorbei, der Sie interessiert. Vielleicht gibt es sogar einen Debattier- oder Literaturclub in Ihrer Stadt. Hier können Sie nicht nur an Ihren sprachlichen Fähigkeiten feilen, sondern auch neue Menschen und damit neue Ausdrucksweisen kennenlernen!

Übung 30: Präsentieren Sie öfters

Wenn Ihr Vorgesetzter fragt, wer die Präsentation für den neuen Kunden ausarbeiten möchte, ducken Sie sich ganz tief, um übersehen zu werden? Machen Sie es zur Gewohnheit, solche Situationen zu nutzen!

Präsentationen, Vorträge oder Referate sind eine der sprachlich anspruchsvollsten Möglichkeiten, Ihre Ausdrucksfähigkeit zu trainieren. Lernen Sie daher, sich diesen Situationen selbstbewusst zu stellen. Wenn Sie gut präsentieren können, können Sie auch in jeder anderen Situation sprachlich überzeugen!

Schlusswort

Damit sind wir bereits am Ende dieses Buches angekommen. Ich hoffe, dass Sie das eine oder andere Hilfreiche daraus mitnehmen konnten.

Sie sind nun mit dem Basiswissen eines guten Sprachstils ausgestattet. Zudem haben Sie 30 hilfreiche Übungen kennengelernt, um praktisch Ihre sprachlichen Fähigkeiten zu trainieren. Nehmen Sie sich dafür ruhig Zeit. Alle 30 Übungen „abzuhaken“ kann durchaus einige Monate Zeit in Anspruch nehmen!

Wenn Sie sich danach weitergehend mit der Verbesserung Ihrer Sprache beschäftigen möchten, kann ich Sie nur dazu ermutigen – Sprache kann immer noch verbessert werden. Davon profitieren Sie ganzheitlich und gerade Ihr Selbstbewusstsein wird dadurch wachsen können.

In diesem Sinne wünsche ich Ihnen ganz viel Freude beim stetigen Ausbau Ihrer sprachlichen Fähigkeiten!

Haftungsausschluss

Dieses Buch enthält Meinungen und Ideen des Autors / der Autorin und hat die Absicht, Menschen hilfreiches und informatives Wissen zu vermitteln. Die enthaltenen Strategien passen möglicherweise nicht zu jedem Leser, und es gibt keine Garantie dafür, dass sie auch wirklich bei jedem funktionieren. Die Benutzung dieses Buchs und die Umsetzung der darin enthaltenden Informationen erfolgt ausdrücklich auf eigenes Risiko. Haftungsansprüche gegen den Autor für Schäden materieller oder ideeller Art, die durch die Nutzung oder Nichtnutzung der Informationen bzw. durch die Nutzung fehlerhafter und/oder unvollständiger Informationen verursacht wurden, sind ausdrücklich ausgeschlossen. Das Werk, inklusive aller Inhalte, gewährt keine Garantie oder Gewähr für Aktualität, Korrektheit, Vollständigkeit und Qualität der bereitgestellten Informationen. Druckfehler und Fehlinformationen können nicht vollständig ausgeschlossen werden.

Impressum:

Moskovskaya str. 3B, Luhansk, 91000, Ukraine,

oleg.gorlov583@ukr.net

Printed in Poland
by Amazon Fulfillment
Poland Sp. z o.o., Wrocław

18546565R00066